# DIVINA GESTÃO

## CORPORATIVA

MARCELO VEIGA

Copyright © 2016 Marcelo da Graça Veiga

All rights reserved.

ISBN-13: 978-1500909741
ISBN-10: 1500909742

# DEDICATÓRIA

Dedico este livro a Jesus Cristo, meu Deus, que entregou sua vida por mim para que hoje eu esteja aqui fazendo este trabalho.

Também ao meu precioso e querido filho Filipe e toda sua descendência, e de forma especial, a minha preciosa esposa Késia, sem a qual este livro não poderia ter sido escrito, graças a seu empenho, incentivo, apoio, dedicação, amor, sabedoria e participação direta
para que esta obra pudesse acontecer..

# SUMÁRIO

| | | |
|---|---|---|
| | Agradecimentos | i |
| | Introdução | Pg # 1 |
| | Sobre o Autor | Pg # 3 |
| | Testemunho | Pg # 7 |
| 1 | Chamados Para Ser Reis | Pg # 15 |
| 2 | A Nova Geração de Ministros | Pg # 27 |
| 3 | Empresários Bíblicos | Pg # 57 |
| 4 | Deus Executivo | Pg # 79 |
| 5 | Preparando os Reis | Pg # 113 |
| 6 | Ações Fundamentadas | Pg # 147 |
| 7 | Como Deus Gera Riqueza | Pg # 183 |
| 8 | Os Verdadeiros Super Heróis | Pg # 205 |
| 9 | Pastores, Agora É Com Vocês | Pg # 223 |
| | Bibliografia | Pg # 241 |
| | Currículo | Pg # 243 |

# AGRADECIMENTOS

Agradeço o privilégio de realizar este trabalho, a tantos que tem contribuído em minha formação cristã, como o Seminário Teológico Juvep e todo seu corpo docente na Paraíba, a Primeira Igreja Batista de João Pessoa, a Fundação Cidade Viva, ao Haggai-Institute de Maui no Hawaii e a Faculdade Teológica Sul Americana.

Agradeço ainda, aos pastores brasileiros Estevam Fernandes, Sérgio Queiróz, Josemar Bandeira, José Pontes, Ildemar Nunes, Manoel Francisco da Silva, José Britto Barros, José Roberto Prado, Antônio Carlos Barro, Jorge Henrique Barro e Hernandes Dias Lopes pela seriedade com que pregam a Palavra de Deus, e aos pastores norte americanos John Edmund Haggai, Michel Yussef, Rich Marshall e ao casal Dani e Hanz Johnson.

# Introdução

As estratégias da Igreja não têm sido suficientes para fazer as Boas Novas do Evangelho de Cristo alcançar toda a sociedade. E a nova estratégia de Deus para este tempo é um avivamento que já começou no mercado de trabalho da maior economia do planeta, os Estados Unidos da América e está se espalhando agora para o resto do mundo.

Um avivamento do Seu Espírito nos líderes estratégicos dos diversos setores da economia e que sempre esteve previsto nas Escrituras Sagradas, mas que somente pouco tempo atrás Deus permitiu que fosse compreendido de forma contextualizada, porque provavelmente Ele já tinha reservado tudo isso, para este momento da história da humanidade. Já existe um exército de ministros ungidos atuando no mercado.

Você não está sozinho nesta sua vontade de servir a Deus, sem ter que deixar sua profissão ou seus negócios. Espero que este livro o encoraje a fazer parte deste chamado, e a muitos nesta situação, que sabem que Deus está em seus negócios, que Deus tem Seus olhos voltados para seu ambiente profissional, para o mercado de trabalho e até hoje, você não encontrou um lugar para servi-Lo sem precisar deixar sua profissão. Este livro revela como, porque e para que Deus está liberando uma nova unção para negócios. Uma unção para abençoar sua vida financeira para a glória de Seu Nome e salvação de muitos.

Este é um novo tempo onde o povo de Deus está descobrindo a intenção poderosa do Senhor, em agir e interceder a seu favor no mercado de trabalho, na sua profissão, na sua casa, na sua escola e no seu mundo.

Uma palavra nova e dinâmica é o que o Espírito de Deus está revelando a igreja nos dias de hoje sobre o papel estratégico dos ministros do mercado de trabalho para o Reino de Deus. É um mover novo da parte do Senhor, um avivamento com estratégia e sabedoria espiritual de ponta, revelando táticas, poder e unção que precisam chegar ao conhecimento de cada líder cristão de nosso país.

É uma palavra pioneira ao coração da liderança da igreja mundial que tenha uma visão otimista do uso que Deus quer dar a força motriz do mercado de trabalho, em favor da obra de Deus na vida dos homens. É a percepção de que Deus está levantando pessoas de negócios e das diversas profissões, com a mesma intensidade e sentido de missão como um ministro é chamado para o trabalho na igreja.

Este livro é antes de tudo um estudo bíblico para o que está acontecendo, uma confirmação da parte de Deus para aqueles que se sentem chamados para atuar a serviço Dele com suas profissões, seus negócios, com sua atuação direta no mundo, contextualizando a Sua Palavra para o dia a dia da vida prática, de sucesso pessoal, financeiro, do relacionamento familiar e social, e com o efetivo anunciar do Reino de Deus às nações.

# Sobre O Autor

Nasci católico mas optei por seguir e conhecer mais a Cristo passando por algumas diferentes denominações evangélicas, com opção pessoal pela igreja Batista e simpatia pelas igrejas evangélicas tradicionais como Presbiteriana e Congregacional. Me formei em Teologia inicialmente pelo Seminário Teológico Juvep, obtendo minha graduação pelo MEC, através da Faculdade Teológica Sul Americana de Londrina.

Na Juvep, uma escola cristã interdenominacional que forma pastores de diversas denominações, eu trabalhei como jornalista e produtor de TV onde tive a grata satisfação de durante seis anos produzir vídeos das aulas do curso e fazer a cobertura dos eventos e congressos cristãos ligados ao seminário.

Tal prática me permitiu dissecar a palavra de Deus nas reiteradas vezes que precisei filmar, editar e checar as produções, além de me permitir discutir durante minha formação, com os mais renomados e respeitados pastores evangélicos batistas, presbiterianos e congregacionais de todo o Brasil, a respeito da Palavra de Deus. Ainda trabalhando na seara da produção de TV e a frente da TV NORDESTE (www.nordeste.tv), implantamos e produzimos para diversas destas igrejas, sistemas de gravação e transmissão via online de seus cultos contabilizando milhares de vídeos que tem sido assistidos por alguns milhões de expectadores online em todo o mundo.

Me formei também em Direito, e fui convidado a participar nos Estados Unidos do Curso de Liderança Avançada do Haggai Institute em Maui no Hawaii, onde tive contato com tecnologias e práticas de ponta na condução da pregação da palavra de Deus que jamais tinha visto ou ouvido falar no Brasil com toda a minha experiência acadêmica e profissional.

Decidi então, por inspiração da parte do Senhor, trazer para meu país tudo que vi e aprendi. Adquiri na ocasião algumas dezenas de livros relacionados ao tema, literatura que provavelmente nunca chegue ao Brasil, para tentar compilar as principais ideias, expor os principais personagens deste mover de Deus, mostrar como já funciona com bons resultados e indicar títulos e fontes para os que quiserem se aprofundar mais no assunto em língua inglesa.

Deste intento surgiu o livro "Deus no Mercado de Trabalho", um livro para todos tipos de profissionais, empresários, pastores ou leigos que amam a Deus, que tem sede de servi-lo e que estão abertos as novas perspectivas que o Senhor já tem indicado e implantado em outros países, e que agora através desta obra, chega a nós.

A Escritura diz que: "Deus nos fez reis e sacerdotes" (Apocalipses 1:6) e foi como reis e sacerdotes no comando, que a nação de Israel teve seu melhor desempenho na história, quando reis e sacerdotes encontraram a sintonia necessária para que o Reino de Deus avançasse em sua melhor forma.

A igreja moderna tem falhado em reconhecer que, assim como alguém pode ser ungido para pregar ou louvar, também pode ser ungido para os negócios. Tanto reis como sacerdotes têm se limitado a suas áreas de atuação.

Os reis exercem com facilidade a tarefa de conquistar domínios no campo da política e sabem auferir lucros na esfera secular. Sacerdotes transitam com insegurança na área terrena, mas sabem muito sobre o Reino dos Céus.

Nós honramos e prezamos a unção sacerdotal de nossos pastores, missionários e líderes de louvor, mas não podemos esquecer que precisam haver os reis, eles são tão necessários quanto os sacerdotes e um não ocupa posição mais elevada do que o outro.

Se ambos queremos realmente tomar de volta o terreno que satanás tem nos roubado, se queremos libertar nosso povo que ainda se encontra cativo, precisamos reconhecer entre nós os reis, homens e mulheres ungidos, que podem recuperar o campo da política e do dinheiro, mas para isso, a igreja precisa reconhecê-los como tal, prepará-los para tal e precisa validar a unção de Deus sobre eles.

As pessoas não têm certeza dos poderes com os quais Deus os capacitou, não conhecem suas áreas de atuação, confundem vocação com chamado de Deus e a igreja está repleta de pessoas frustradas em suas funções a serviço do Reino, contingente sub aproveitado, que poderiam estar reforçando ainda mais os exércitos do Senhor.

Precisamos restaurar a credibilidade na unção real, precisamos nos colocar ativos em nossas áreas de atuação profissional. Quando honrarmos nossos reis ungidos para atuarem em suas áreas de influência terrena, assim como honramos os sacerdotes para atuarem na área de influência das regiões celestiais, então os dois reinos se combinarão para que o pleno governo de Deus se estabeleça. Esta é a Sua vontade sendo feita:

*" Venha o teu reino, seja feita a tua vontade, assim na terra como no céu"! (Mateus 6:10)*

*"Ele estenderá o seu domínio, e haverá paz sem fim, desde agora e para sempre. O zelo do Senhor dos Exércitos fará isso" (Isaías 9:7)*

# Testemunho

Minha formação cristã iniciou-se na igreja católica por vontade de meus pais. Estudei dez anos no Colégio São Luiz em São Paulo capital, na Avenida Paulista, um colégio jesuíta tradicional com filial no Rio de Janeiro, chamado lá de Santo Inácio, no bairro de Botafogo. O Reitor do Santo Inácio, na época em que eu era garoto, o padre Farias, tinha batizado, crismado, feito a primeira comunhão e casado minha mãe no religioso com meu pai na paróquia Santa Mônica no Leblon em 1957, no Rio de Janeiro, tendo também batizado meus três irmãos e eu.

Por conta disso, eu e meus irmãos tínhamos bolsa de estudos no colégio São Luiz em São Paulo, tivemos formação religiosa integral, tínhamos aulas semanais de religião, missa, seminários, retiros nos feirados e férias nas chácaras do colégio em Petrópolis, até eu alçar vou de casa com 20 anos e nunca mais pisar em uma igreja.

Dezoito anos depois, por conta de uma falência nos negócios, e abandonado pela companheira que vivia junto, fiquei sem trabalho, sem esposa, e sem direção.

Naquele momento, minha empregada Lurdinha me faz a seguinte pergunta: Sr. Marcelo, sua vida deu uma reviravolta tão grande, o Sr. não quer ir a igreja, falar com Deus? Posso acompanhá-lo. Neste momento difícil e sem soluções, resolvi aceitar o gentil convite, me esquecendo de perguntar que igreja era. Afinal, igreja para mim só existia uma, a católica. Para minha surpresa quando a acompanhei, ela se dirigiu para a favela do Vidigal, perto do Leblon, onde ela morava. Nesta altura não ia mais dizer que não ia e a acompanhei.

Começamos a subir o morro, passando por traficantes e pedágios para continuar, quando uma chuva literalmente "torrencial" se abateu sobre nós. Lurdinha me perguntou: Sr. Marcelo, o Sr. quer desistir? Neste momento, todo molhado, sujo de lama, com fezes humanas descendo morro abaixo passando sobre nossos pés, fiquei indignado e disse: "Lurdinha, você me convida para falar com Deus lá em cima do morro, lá em baixo no Leblon o diabo está destruindo a minha vida, e você pergunta se eu quero desistir?!?!?! Eu já cheguei até aqui, agora eu quero falar com Deus de qualquer maneira".

Lurdinha toda molhada em sua roupa preta e comprida de crente, ficou calada e continuou a subida, ambos encharcados. Quando chegamos na frente da igreja tomei um susto, vi escrito: Igreja Universal do Reino de Deus e disse: "Lurdinha, como você me faz vir debaixo de chuva até aqui para ir na igreja desse ladrão que rouba o povo" (fazendo referência ao Bispo Macedo, líder desta igreja).

O Bispo Macedo era famoso na mídia por envolvimento com a venda da fé em troca de dízimos e ofertas, com cenas de vigílias com milhares de pessoas no maior estádio de futebol do mundo, o Maracanã, com seus obreiros recolhendo sacos de lixo gigantes com as ofertas em dinheiro dos crentes.

Lurdinha não falava nada (hoje imagino o quanto ela não estava orando nesta hora) e apenas me escutava. Neste momento, comecei a escutar os louvores lindos que estavam sendo tocados lá dentro, que nunca tinha ouvido antes, que não tocavam no meu tempo de igreja católica. Fiquei pensando naquilo e disse: "Tudo bem, já estamos aqui todos molhados, vamos entrar um pouco para secar".

No momento que eu pisei dentro da igreja, que olhei para o altar, era um pequeno casebre de madeira para cerca de umas cinquenta pessoas, pendurado numa inclinação íngreme do morro do Vidigal, com uma das mais belas vistas do bairro onde eu morava, o Leblon, lá em baixo com Ipanema ao fundo, emoldurados pelo Cristo, a lagoa Rodrigo de Freitas e a Baía de Guanabara, o sentimento que veio instantaneamente ao meu coração foi uma espécie de "flashback" de toda a minha vida com Deus, os anos de igreja católica e meu posterior distanciamento do Senhor.

De repente pensei: "Como eu posso vir aqui na igreja, pedir alguma coisa a Deus, se meus pais me apresentaram a Ele durante tantos anos e eu nunca mais O procurei, se durante todos estes anos afastado eu nunca agradeci o tanto que recebi, até o simples fato de ainda estar vivo"?

Então, dividindo meu olhar entre o altar humilde de Deus no alto da favela e a vista lá em baixo do nobre e rico bairro do Leblon onde eu morava, comecei a comparar de novo que eu estava lá em cima no morro, mais perto do céu, mais perto de Deus, na igreja, enquanto lá em baixo o diabo estava querendo me destruir e me matar.

Resumo da história, comecei a chorar com o sentimento de uma mistura de vergonha e gratidão que não me permitia pedir nada. Como eu ia pedir algo para Deus se nunca agradeci o que já tinha recebido. E durante os dois anos seguintes que frequentei esta e outras igrejas, era muito fácil eu chorar diante de Deus, diante de Sua grandeza e bondade, diante do sacrifício de Cristo na cruz por mim, sem que eu tenha nunca me dado conta da importância, impacto e consequências deste ato de amor, sem nunca ter agradecido de verdade.

Minha maneira de me consertar com Deus por este erro, foi tentar corrigir tudo onde eu tinha errado. Um muito obrigado a Deus não seria suficiente para meu conceito de gratidão diante do Deus grandioso que eu precisava. Eu queria relacionamento com Ele, queria tratar exatamente onde eu tinha sido mais negligente e isso só me fez ganhar muito em todos os sentidos.

Larguei vícios, drogas, maus hábitos, relacionamentos errados, concertei outros muitos erros de caráter e atitudes, dei uma reviravolta em minha vida profissional, ganhei confiança em mim de novo, enfim, passei a beber da fonte da vida na Palavra de Deus, restauradora, edificadora, salvífica. Refiz minha vida profissional e sentimental em outros parâmetros de referência, passei por algumas igrejas evangélicas para conhecer, até escolher a minha definitiva, fiz seminário, estudei fora, e reconstruí a história de minha vida com Deus, escrevendo a sua melhor parte.

As várias igrejas por que passei, na sequência de minha experiência religiosa tem uma importância grande, porque sair da igreja católica para ir para uma igreja pentecostal com má fama nos meios leigos, foi um impacto muito grande para mim. Algumas pessoas mais próximas não cristãs costumam dizer que eu fui levado por uma fase depressiva onde me deixei enganar.

Mas isso não é verdade, gosto muito de ler e estudar, fiz faculdade de arquitetura, cenografia, direito, teologia, aprendi inglês cedo em casa, sempre fui leitor compulsivo, sempre quis entender tudo direitinho e sempre fui balizado pela razão em tudo que faço, precisando sempre entender e ter razões para o que eu esteja fazendo.

Minha esposa costuma comentar que Deus nos mede pelo coração. No dia que pisei naquela igrejinha na favela, admito que estava deprimido, mas no decorrer dos acontecimentos passei a querer entender tudo da Bíblia, passei a questionar com os pastores tudo a respeito do que falavam.

Comecei a ir de caderno na igreja para anotar as citações e estuda-las em casa. Troquei de pastores, troquei de igrejas evangélicas até chegar a tradicional igreja Batista onde estou até hoje, dos 18 anos de fé verdadeira, já são 10 anos na igreja Batista. Neste período me formei em Teologia Ministerial, em um conceituado Seminário Cristão Interdenominacional, reconhecido por todas as tradicionais igrejas cristãs, fiz a convalidação para reconhecimento do Mec – Ministério da Educação e Cultura para poder lecionar e me graduei em Liderança Cristã pelo Haggai Institute em Maui, Hawaii nos Estados Unidos.

Depois, a frente de minha TV online e produtora de vídeos

TV NORDESTE (www.nordeste.tv), graças aos meus contatos feitos com igrejas nos seis anos de seminário cristão interdenominacional, tive a graça de fazer centenas de trabalhos para igrejas de diversas denominações cristãs, aprendendo muito sobre suas diferenças, o que me foi enriquecedor. Durante todos estes anos perguntava a Deus, onde Ele me queria falando Dele da forma mais eficaz, com todos as oportunidades de conhecimento bíblico que Ele tinha me permitido adquirir, mas nunca encontrava um lugar onde meu tempo dedicado, permitisse eu ainda sustentar a minha família e minhas despesas.

Quando terminei o seminário e ganhei minha bolsa de estudos para estudar no Instituto Haggai no Hawaii, conheci o Ministério do Mercado de Trabalho, o qual Deus me pede agora para registar em livro. Toda esta experiência me permite cada dia mais ter a certeza do caminho escolhido ter sido o certo.

Antes de recomeçar meu relacionamento com Deus aos 38 anos de idade naquela igrejinha no alto da favela do Vidigal no Rio de Janeiro, Deus era para mim algo abstrato demais, Jesus não passava de um personagem de histórias quando não um mero crucifixo decorativo nas paredes. Mas isso foi somente até o dia que toda a minha autossuficiência existencial foi eliminada pelas circunstâncias da vida.

O que eu e a maioria da humanidade distante de Deus não costuma pensar, é que mais cedo ou mais tarde, essa autossuficiência, muitas vezes louvável do ponto de vista da sobrevivência, um dia haverá situações em que ela não será suficiente para nos sustentar no enfrentar da vida. Mais cedo ou mais tarde adoeceremos, ficaremos velhos, perderemos algo valioso porque não se ganha sempre nesta vida, provavelmente uma dessas perdas será de valor inestimável como a vida de alguém que amamos. E nesta hora, não há aquele que não vá exclamar, meu Deus!

A partir deste momento nossas únicas opções são continuar com o coração duro e insensível às Palavras do maior Best Seller de todos os tempos, a Bíblia, isto é, a voz de Deus, o manual da vida, que os sem esperança não leram, e que os sábios e vitoriosos meditam dia e noite, ou nos rendemos ao Senhor pedindo sua ajuda para então vermos o Deus do impossível responder nossas orações e nos salvar de qualquer situação, como salvou a mim.

É uma leitura que parece pesada para quem está começando, diga-se de passagem, para os não apresentados que é um livro grande, umas mil páginas ou mais, mas que não há quem não medite sobre ele com o coração receptivo, para conhecer seu autor Deus, que não tenha sua vida transformada para muito melhor.

E nesta aventura maravilhosa sem precedentes de poder esquecer minha autossuficiência porque encontrei o Deus vivo e real que me sustenta em tudo, que tem planos maravilhosos para minha vida, passei a frequentar sistematicamente a Casa de Deus.

Não que Ele não esteja em todos os lugares, mas porque a igreja é o lugar onde Deus fala, onde Ele derrama mais bênçãos, onde os irmãos com a mesma fé praticam o sadio exercício da comunhão baseada nos ensinamentos de Deus, para a reconstrução dos nossos relacionamentos, rumo ao sucesso existencial e acima de tudo, para a nossa salvação da morte, para o nosso resgate, para a nossa vida eterna prometida por Deus.

E eu fui resgatado por uma rainha do Senhor, minha empregada Lurdinha, que fez do seu trabalho o seu Ministério, que orou por mim durante 2 anos em que serviu em minha casa para com sabedoria e no momento certo, me encaminhar a Deus.

Hoje sei que Deus salva pessoas para vida eterna em todas as igrejas, vai depender do coração de cada um e não da denominação estipulada por homens, hoje sei que Ministério é tanto para sacerdotes como para reis e rainhas, hoje tenho a graça de ser usado pelo Senhor para falar para Seu povo, que clama por servi-Lo mais e melhor.

Para que seu povo possa servi-Lo sabendo como e porque no Mercado de Trabalho, em suas profissões, nas vocações que o Senhor lhes concedeu. Para isso Ele vai abençoar sua vida em todos os sentidos, para você ser mais eficiente para os propósitos Dele.

# Capítulo 1

# Chamados Para Ser Reis

Era um domingo do final dos anos 90 na Califórnia, quando o pastor subiu ao púlpito para proferir um dos sermões mais simples, objetivo, sincero e memorável da história do cristianismo moderno. Ele estava visivelmente triste e iniciou dizendo: "Eu estou aqui hoje para me arrepender" e continuou pedindo que todos que fizessem parte atuante do mercado de trabalho ficassem de pé. Foram muitos que se levantaram, a grande maioria de uma igreja com milhares de membros quando o pastor começou a chorar dizendo: "O Senhor me deu a revelação de que vocês têm a mesma unção que eu tenho.

Vocês são reis do Senhor no mercado de trabalho e nós temos prostituído este púlpito. Nós vendemos este púlpito dizendo que somos o único caminho da salvação mas o Senhor me revelou que existem uns chamados para serem sacerdotes, mas há muitos mais chamados para serem reis." E assim que disse isto pediu perdão a todos.

Na minha história de vida na igreja, por mais que queira ser como meu pastor, que queira encontrar um lugar para ser útil na estrutura da igreja para servir melhor ao Reino de Deus, tenho tido dificuldade em me encaixar no seu sistema institucional, mas a surpresa é que não é um fato isolado ou pessoal, mas tenho constatado ao longo de quase duas décadas frequentando a igreja, que é um sentimento que assola mais de 90% dos membros das congregações. A maioria dos cristãos acha que o único caminho para servir com intensidade a Deus é ir para o seminário e torcer para cair nas graças de algum pastor, e poder crescer dentro de uma estrutura eclesiástica.

## Chamado Externo

Sempre fui empresário, pouco trabalhei para terceiros, trabalhei muito tempo na área de vendas e cheguei a ser líder no setor na área de seguros, chegando a ter minha própria corretora. Liderei mais de 500 corretores na Sul América Seguros no Rio de Janeiro, durante 12 anos, treinando e ajudando a formar equipes vencedoras.

Por mais que ame a obra do Senhor sempre tive a certeza que depois de toda esta experiência bem sucedida, entre outros empreendimentos que me aventurei, o que Deus queria de mim não era galgar uma carreira até conseguir ser pastor. Sempre fui treinado em negociação de vendas, marketing, em atingir metas de lucratividade para empresas, e na igreja, isso não era um assunto para nenhum dos Ministérios disponíveis, nem tão pouco me remunerariam a altura das necessidades básicas de minha família.

Até o dia que percebi que tinha sido escolhido por Deus para fazer negócios e que estava sendo usado por Ele através disso e não para atuar no Ministério tradicional. Tenho visto muita gente sendo alcançada e edificada para Cristo através do meu trabalho na área de telecomunicações e jornalismo, através de nossas oportunidades em estarmos aonde a igreja não vai, através de nosso exemplos, testemunhos e atitudes que tem salvado milhares de pessoas, curado fisicamente, libertado de opressões, abençoado e prosperado financeiramente tantos de nossos clientes e expectadores.

Passei a perceber o quanto Deus estava comigo o tempo todo em tudo que eu fazia, em todo sonho de realização profissional que Deus mesmo tinha plantado em mim e ao tomar conhecimento da confissão daquele pastor, uma nova perspectiva de vida se abriu. Na verdade, aquela pregação daquele pastor naquele dia, deu início a um mover de Deus com dimensões de avivamento mundial chamado Ministério do Mercado de Trabalho.

Somos ungidos por Deus para sermos pastores de nossas empresas, de nossas repartições ou departamentos, escolas, clubes, por toda a sociedade que não quer ir a igreja ou onde a igreja não chega. Talvez até aqui você tenha se sentido inútil no Corpo de Cristo mas isso acaba aqui. Deus tem um chamado para você que vai te impactar de hoje em diante poderosamente, e que vai transformar toda a sua vida para muito melhor.

Eu tinha acabado de terminar me curso no seminário, desde o início, nunca senti este tal chamado que muitos sentem tão especial a ponto de largar tudo e entrar de cabeça na vida de pastor. Fiz o curso bem devagar, ele tem duração de quatro anos e fiz em seis. Quando comecei o curso eu trabalhava em tempo integral em minha própria televisão online e produtora de vídeos TV NORDESTE (www.nordeste.tv). Na verdade nunca tinha pensado nem em fazer seminário. Foram eles que me procuraram querendo anunciar em nossa televisão mas queriam que eu ofertasse o trabalho para Deus.

Nunca entendi isso na igreja brasileira, esta vocação para achar que seus membros são uma força escrava que pela fé trabalham de graça. Concordo que muitos trabalhos dentro da igreja tem o perfil do voluntariado como ajudantes de berçário, atendentes dos cultos semanais, membros do grupo de louvor em alguns casos, casos esporádicos, mas certas funções jamais serão bem realizadas se não houver um compromisso trabalhista.

Como eu iria prestar um serviço de gravação semanal de aulas, editar e colocar tantos filmes na internet de graça? Quem pagaria as altas despesas com pessoal, equipamento, locação, energia e tempo?

## Quando Deus Fala

Mas um ano depois, minha produtora nesta ocasião já andava muito bem e durante um culto que assistia com minha esposa, senti Deus falar ao meu coração: "Volta no seminário e permuta seu serviço pelo curso e vai estudar minha Palavra.

Assim eu fiz e eles aceitaram na hora. Comecei a estudar e enquanto assistia as aulas eu filmava, depois editava e colocava tudo na internet no Youtube. Para resumir a história, o curso passou a ser muito mais conhecido, o número de alunos aumentou e como o seminário era cristão interdenominacional, os próprios alunos faziam a ponte dos meus serviços com suas igrejas e passamos a ganhar muito mais dinheiro oferecendo nosso trabalho para diversas congregações. Como consequência, além de prosperar, passei a adquirir um grande conhecimento sobre as diferenças e características entre tantas denominações cristãs evangélicas no país.

Quase terminando o curso, recebo convite para estudar no curso de liderança cristã avançada do Haggai Institute em Maui, no Hawaii, USA, onde me graduei. Ainda nos Estados Unidos, tive contato com vários igrejas e pastores locais, onde me impressionei com o reavivamento da igreja norte-americana com ênfase no Ministério do Mercado de Trabalho.

Fiz muitos amigos pastores durante minha jornada no seminário e na América, meu sogro é pastor em final de carreira e cuidava na ocasião de três igrejas batistas e como nenhum filho tinha seguido sua vocação, me sondou mais de uma vez sobre assumir suas igrejas, mas mesmo formado em teologia, não sentia chamado para pastorear, isto nunca passou pela minha cabeça, eu era um empreendedor nato, tendo realizado várias atividades profissionais e empreendimentos.

## Deus Escreve Certo, Por Linhas Certas

Conhecer o Ministério do Mercado de Trabalho foi o encontro com o meu chamado. Sabia que era por ali e o maior motivo, além de me identificar com o propósito do Ministério, era algo que também se identificava com a maioria do povo das igrejas evangélicas do meu país, o Brasil, que padeciam da mesma frustração de amarem tanto a Deus, sem terem onde servir.

Quando ainda nos Estados Unidos percebi que não havia literatura a respeito no Brasil, adquiri dezenas de livros físicos e e-books, e comecei a traduzi-los para tentar conseguir autorização de publicá-los no Brasil. Depois de quase um ano de negociações frustradas, parti para escrever meu próprio livro e formatar cursos de capacitação no assunto. A partir daí meu trabalho começou a tomar um novo rumo.

Outros assuntos que me preocupavam sobre a igreja, como a relação do evangelho com o sustento de sua força humana de trabalho, a educação financeira de seus membros, o relacionamento entre conselheiros e pastores, e tantos outros assuntos relacionados com a instituição igreja, começaram a fazer parte dos meus objetivos, no meu escritório de advocacia que já era voltado para investimentos em bolsa de valores. Eu tinha obtido meu registro de jornalista, era formado como Consultor em Investimentos Financeiros pela Fundação Getúlio Vargas e escrevia para blogs sobre o tema.

## Propósito Único De Vida

Cada vez mais as pessoas passaram a me pedir conselhos sobre investimentos, nosso escritório passou a administrar bens de terceiros, e resolvi escrever sobre educação financeira. Quando percebi, já estava formatando cursos, preparando palestras e seminários sobre o assunto, e o número de pessoas em potencial que surgiram interessadas nas habilidades que tinha para ensinar sobre investimentos e finanças, passaram a ser também pessoas que eu podia falar do amor de Deus e ministrar em suas vidas. Agora alcanço muito mais clientes, trabalho no que gosto, sirvo a Deus com mais eficiência do que se tivesse a frente de uma igreja, trabalho menos e tenho mais tempo para minha família. E tudo isso foi Deus quem fez, Ele abriu as portas, indicou as direções, apresentou as pessoas e fez a Sua vontade prevalecer.

O que Deus está procurando é um povo peculiar para levantar além dos limites da religião em um relacionamento íntimo e sem intermediários com Ele. Ele quer lhe ungir com Sua autoridade. Você foi projetado e feito por Deus para realizar os sonhos de sucesso que Ele mesmo plantou em seu coração, e não para ficar frustrado nos bancos das igrejas por não saber onde servir mais e melhor a Ele. E os sonhos de crescer profissionalmente, sua vacação que você sabe que é nata, ou os negócios ou profissões que você sonha em ter ou ser, são exatamente o lugar para você realizar os sonhos de Deus, sendo mais eficiente financeiramente e sendo mais eficiente no frutificar de novas almas para o Senhor.

Tudo começou para mim, nos livros que trouxe da América sobre Ministério no Mercado de Trabalho, quando descobri que diversos deles citavam alguma pregação de pastores se arrependendo sobre não terem liberado os reis do mercado de trabalho. Na verdade, não tinha sido apenas um pastor que tinha tido aquela revelação, mas vários, e curiosamente todos na Califórnia na mesma época do final dos anos 90, e assim este avivamento da parte do Senhor nasceu e muitos reis começaram a ser ungidos para atuar no mercado. Pessoas que como eu, achavam que precisavam se afastar de seus negócios para servir a Deus, para acabar se tornando algo que não eram. Pessoas que teriam falhado na vida ministerial e agora ganhavam muito dinheiro para promover o Reino de Deus.

Hoje este Ministério na América é muito próspero e profícuo no trabalho de homens e mulheres de Deus como Rich Marshall, Dani Johnson, Os Hillman, Ed Silvoso e tantos outros que cito em lista extensiva de livros ao final desta edição.

## A Igreja Brasileira de Cristo

A igreja brasileira precisa encontrar um meio termo entre a essência mais importante da mensagem do evangelho, que é a substituição de Cristo para pagar os nossos pecados em nosso lugar, e as bênçãos de prosperidade que somente Deus pode conceder. A guerra travada pela igreja evangélica tradicional contra o abuso de certas igrejas, em relação a teologia da prosperidade, comete o crime de pegar tudo que diz respeito a prosperidade na Bíblia, enfiar tudo no mesmo saco, e jogar tudo fora, quando na verdade Deus tem muito a dizer sobre dinheiro, sucesso e prosperidade que são grandes verdade e precisam ser ditas para abençoar Seu povo.

Hoje a estratégia de Deus está sendo fechar as portas para tantos cristãos que achavam que deveriam ser ministros sacerdotais para escancarar as janelas do sucesso no mercado de trabalho, exacerbando seus dons espirituais para testemunharem da parte do Senhor. Sinais e milagres estão eclodindo nas empresas. Você acha que está errado em ganhar muito dinheiro porque é um cristão falido? Então você precisa ler este livro todo e se inteirar mais sobre este assunto. Você precisa descobrir o propósito de Deus no que você já faz, precisa compreender a bagagem equivocada que você traz em si pelos anos de desconhecimento sobre esta revelação que vão liberá-lo para servir mais e melhor a Deus de uma forma que jamais imaginou.

Deus tem muito para nós, Ele nos surpreende todo tempo, nós usamos muito pouco da capacidade de nosso intelecto para querermos compreende-Lo.

## Influências

Nós escutamos hoje falar muito sobre estilo de trabalho de certas empresas, principalmente na área da tecnologia da informação com Google, Yahoo e Facebook. Funcionários trabalhando em trajes a vontade, misturando lazer com trabalho, ambientes descontraídos que bem geridos e administrados aumentam o grau de satisfação de seus trabalhadores e consequentemente a produtividade.

Isto é consequência da influência dos fundadores ou proprietários das empresas, isso se deve ao sugestionamento incisivo da forma de ser de seus líderes empresariais sobre seus contratados, que é o poder formador de opinião, a influência dos líderes sobre os liderados.

Segundo dados do livro Revolution do renomado pesquisador internacional sobre estatísticas de igrejas, George Barna, as sete primeiras esferas dominantes de influência sobre a vida das pessoas são: filmes, músicas, televisão, livros, internet, leis, e familiares. A segunda esfera é composta por escola, colegas, jornais, rádio e comerciais, e a igreja sequer fica entre os 20 maiores influenciadores.

Não importa porque é assim, o fato é que a igreja tem e sempre teve dificuldade de penetrar nestas esferas e Deus está levantando agora cristãos influenciadores que são da música, dos filmes, dos negócios, da internet, de todas estas principais esferas de influência, para que seu povo se revista da Sua autoridade e se infiltre nos mais remotos rincões da sociedade e faça valer as bênçãos do evangelho para toda a humanidade.

Na verdade, nesta missão a igreja tornou-se irrelevante e O Senhor está levantando um povo próprio, com uma nova estratégia para alcançar as cidade e nações, como podemos ver em Joel 2:28-29 e em Pentecostes, em Atos 2:

*"Derramarei o meu Espírito sobre todas as pessoas. Vossos filhos e vossas filhas profetizarão, vossos velhos sonharão, e vossos jovens terão visões. Mesmo sobre os meus servos, tanto homens como mulheres, que derramarei o meu Espírito naqueles dias" (Joel 2:28-29).*

A estratégia de construir mais prédios e maiores, criar programas e recrutar mais voluntários para as igrejas não está trazendo todos que precisam ser alcançados para eles. As cidades foram superadas por outras influências, que agora passam a pertencer ao maior exército do Senhor, que estava inativo e agora está sendo levantado, capacitado e está ficando afiado para a grande vitória sobre o mal.

E os detentores desta nova influência são os reis. Assim funcionou sempre na Bíblia. Os sacerdotes serviam aos reis, que tinham a voz com o povo. Os reis falavam com o povo e não os sacerdotes, e assim deve ser ainda hoje. Os sacerdotes precisam dar direção e influenciar os reis que são quem vão estar liderando o povo. Os reis dirigem o povo. Entenda-se aqui como povo, o resto da sociedade que não vai a igreja. Quem está a frente dos meios de comunicação? Da indústria editorial? A frente do mercado de trabalho? Finanças e indústria? Quem cria, mantém empregos e gera renda de subsistência para as massas? São os reis que estão a frente de tudo isso, que dominam o mercado.

Deus está querendo agora, neste momento, ter intimidade com um povo Seu, que escute a Sua voz, que tenha intimidade com Ele, que Ele possa ungir para fazer negócios com a bênção Dele, para influenciar cidades e nações.

Mas até aqui, muitas vezes, estes reis têm sido menosprezados ou relegados a simples provedores de recursos, não são incentivados nem orientados sobre sua unção real. Na verdade a igreja tem muitas vezes, apenas condenado o apego a matéria, avisado dos perigos da ganância, quando Deus está dizendo que quer e pode fazer todo ser humano da terra, mais bem vestido e morando melhor que o próprio rei Salomão. Muitos estão confundindo humildade com pobreza quando a pobreza não tem absolutamente nada de louvável.

# Capitulo 2
# A Nova Geração de Ministros

"*E nos fez reis e sacerdotes para Deus e seu Pai; a Ele glória e poder para todo o sempre. Amém*" *(Apocalipse 1:6).*

"*E para o nosso Deus nos fizeste reis e sacerdotes; e reinaremos sobre a terra*" *(Apocalipse 5:10).*

Uma nova geração de ministros do Reino de Deus está surgindo no cenário mundial. Eles têm aval de Deus, tem autoridade bíblica para atuarem representando Deus na terra, são estratégicos, criativos, dotados em múltiplas disciplinas administrativas e tem grande influência no terreno inimigo onde a igreja precisa dominar.

Eles são homens de negócios com grande influência no mercado de trabalho, que chegam aos rincões mais distantes onde a igreja não consegue alcançar e são chamados por Deus para ganhar muito dinheiro, gerar empregos, fomentar a prosperidade das nações e agora também, levar cura, vitórias, libertação e salvação. São pessoas que tem consciência dos perigos do poder o do dinheiro, mas cientes desses riscos, sabem que a sabedoria de Deus os esta guiando e abençoando.

Estes homens não são exímios pregadores ou mestres que trabalham ou fazem parte de igrejas ou Ministérios eclesiásticos, mas conhecem e tem intimidade com Deus, são extremamente capacitados empresarial e profissionalmente, buscam a santidade de Deus todo o tempo, primam por ser exemplos cristãos como pessoas, por suas atitudes, conhecem e aplicam com habilidade e desenvoltura, os dons espirituais de Deus em suas vidas para servir e ajudar ao próximo, para levar libertação e salvação aos cativos, para ajudar os pobres, os oprimidos e levar a cura divina a todos os necessitados.

## Soldados De Quartel?

Eles sabem que seu chamado é para pastorear os filhos de Deus que não frequentam uma igreja organizada. E este livro pretende ajudar estes profissionais e empresas a redescobrirem seus destinos bíblicos, a retomarem o plano de Deus para suas existências para viverem a plenitude da Glória de Deus em suas vidas, seus negócios, enxergando o mercado de trabalho como seu lugar de Ministério.

Fui empreendedor por toda a vida, com altos e baixos até que uma falência completa, pessoal e profissional, me levaram de volta ao Deus que eu já tinha sido apresentado, mas que não Lhe mais dava a devida atenção.

Nesta volta, trilhei um longo caminho de reedificação do meu ser, da minha pessoa e do meu espírito, que me fizeram me reerguer de uma forma surpreendente como jamais havia experimentado, com Deus me levando a me graduar em direito, em teologia, e me preparando para ser pastor apesar de nunca querer abraçar esta função.

Neste longo caminho com Deus conheci o Ministério do Mercado de Trabalho, que traz esperança a tantos empresários e profissionais frustrados por não saberem como servir a Deus sem que fosse largando tudo para se tornarem pastores em tempo integral. Não é isso que Deus quer da maioria dos 95% dos crentes nas igrejas que não sabem onde servir, até porque não há púlpito ou cargos para tantas pessoas.

Nesta caminhada, conheci o suficiente sobre estratégias evangelísticas e missionárias de todos os tipos, para saber que nós não vamos ver nossa nação transformada pelas bênçãos de Deus através dos métodos tradicionais usados pelas igrejas até hoje. Temos tentado isso a anos e não tem funcionado, o resultado tem sido insignificante.

## Deus Eterno E Criativo

É hora de redescobrimos outras formas do agir de Deus para o mundo. Ao invés de tentarmos trazer para dentro da igreja pessoas que tem verdadeira alergia a evangélicos, precisamos infiltrar homens crentes influentes e sem rótulos no âmago da sociedade para serem exemplos em postura e atitudes, prontos para usar seus dons espirituais para a glória de Deus e salvação de vidas.

Como na chamada igreja primitiva, que floresceu no início do cristianismo logo depois da ressurreição de Cristo, o mover de Deus só vai alcançar o mundo todo quando tivermos cultos em todas as casas e locais de trabalho, quando e empresariado e os profissionais abraçarem a causa de serem representantes ativos e eficientes do Reino de Deus onde quer que se encontrem, orando pelas pessoas, abençoando e intercedendo por tudo e por todos. Para isso nossos pastores precisam abrir o coração para uma releitura bíblica, tão rica e infinita em sua mensagem e inspiração, para o que Deus ainda tem por fazer.

E uma das passagens bíblica mais usadas para tentar trazer o chamado de Deus para o Corpo de Cristo é:

*"Mas vós sois a geração eleita, o sacerdócio real, a nação santa, o povo adquirido, para que anuncieis as virtudes daquele que vos chamou das trevas para a sua maravilhosa luz; Vós, que em outro tempo não éreis povo, mas agora sois povo de Deus; que não tínheis alcançado misericórdia, mas agora alcançastes misericórdia" (1 Pedro 2:9-10).*

O versículo acima demonstra que somos a geração eleita, o sacerdócio real, a nação santa, o povo adquirido por Deus para representá-lo. Porém muitos intérpretes primam por enaltecer apenas o sacerdócio, ignorando a implicação do complemento real. Mesmo a palavra real não estando separada do sacerdócio neste caso, fica claro que a mensagem não se dirige para um chamado de serviço na igreja local mas para vocação de todo um povo. E isto faz toda a diferença. Tudo indica que Paulo usou a palavra sacerdócio, tanto quanto a palavra real ou reis pela mesmo motivo que o Senhor Jesus nos chamou de reis e sacerdotes em Apocalipse 1:6.

Não se trata de ver empresários trocando posições com sacerdotes mas trata-se do fato de que a força profissional e empresarial tem sido ignorada com a devida ênfase no poder que Deus lhes concedeu no mercado de trabalho. Precisamos dos reis e sacerdotes trabalhando em sintonia para alcançarmos as nações.

## Liberando Recursos Para O Reino

Eu frequento a igreja como crente atuante faz quase 20 anos, e pude fazer uma avaliação tanto delas, quanto das pessoas que as frequentam e seus motivos para estarem ali.

Pessoas nas igrejas buscam por relacionamento com Deus, seja por arrependimento, gratidão, curas na saúde, nos relacionamentos, nas finanças e sonham em conhecer bem a Palavra de Deus a ponto de servirem ao Senhor como seus pastores servem. Porém o que se pode perceber, e por isso muitas igrejas tem tido sucesso nesta área, é que a grande maioria destas pessoas tem problemas financeiros. E Deus, Senhor de todas as coisas é aquele que abençoa financeiramente também.

Mas travou-se uma briga com muitas igrejas históricas, aquelas que existem desde a Reforma Protestante, acusando certas igrejas de praticantes de uma suposta teologia da prosperidade. Porém tal postura tem repercutido de forma injusta na vida do cristão porque ao taxarem a Prosperidade Bíblica de Deus como uma suposta teologia errada, acabam colocando todas as bênçãos bíblicas sobre riqueza, trabalho e dinheiro, tudo num mesmo saco e jogando tudo fora. Isto tem sido um crime bíblico.

Concordo com estas igrejas que há exageros, em igrejas que só pregam a prosperidade para roubar o povo, mas não podemos generalizar e ainda por cima enaltecer com má interpretações, como vamos nos aprofundar adiante, que o dinheiro faça mal as pessoas, isso tem sido um crime na motivação profissional de muitos crentes que ficam sentados nos bancos da igreja dizimando e achando que vão ganhar na loteria sem ter mais que trabalhar, estudar ou acordar cedo para construir alguma coisa.

Para aqueles que realmente amam a Deus querem servir na obra do Senhor de alguma forma, não lhes resta muitas opções a não ser serem um dia pastores, missionários ou ajudantes voluntários nas igrejas, a maioria não remunerados, que engrossam as fileiras do reino e que não sabem como conciliar o sustento de suas famílias com estes Ministérios.

E este problema se torna mais crônico na medida que o Evangelho alcança pessoas esclarecidas, com estudo, que tem a prática do uso divino da razão, que não é um atributo em detrimento da espiritualidade, mas se bem explicada e compreendida, pode ser um grande endosso da fé dos homens e mulheres bem dotados de

Quoeficiente de Inteligência (QI).

Mas, Deus está colocando um ponto final neste problema crônico, a nível global com a revelação e instituição do Ministério do Mercado de Trabalho. Existem muitos empresários ungidos para os negócios, mas que são frustrados na unção de servir ao Reino de Deus, porque nunca tiveram liberdade e reconhecimento para operarem plenamente no âmbito profissional a serviço do Reino. Alguns destes empresários se sentem menos espirituais quando ganham muito dinheiro, ou quando Deus os prospera na arena secular.

1 Pedro 2:9-10 deixa claro que o sacerdócio é de todos os crentes. Não podemos ignorar que existe a falsa ideia de que apenas os do clero são chamados, e que a ênfase geralmente permanece nos Ministérios relacionados às igrejas.

Vamos buscar neste estudo as bases bíblicas para as pessoas de negócios e os profissionais. Chegou o momento de reconhecer que todos nós somos chamados por Deus, e que nossa vocação é para o Ministério em todas as facetas da sociedade. Mas isto vai muito além simplesmente, da área empresarial ou profissional, inclui o governo, a política, os esportes, mídia, medicina, atividades que vamos abranger aqui apenas como mercado de trabalho, ou mais sucintamente, como "reis", ou seja, a semelhança dos reis de Israel, aqueles a quem Deus colocou em posição de liderança, seja no governo de uma nação, ou na equipe de trabalho de uma cozinha, não importa.

A ideia não é ser teológico a respeito disso mas prático, pois vamos encontrar muitas pessoas com dificuldade de tratar cristãos como reis por acharem que apenas a palavra sacerdote deva ser usada na intermediação com Deus. Por terem erroneamente escutado durante anos sem base bíblica, que os cristãos estariam divididos apenas entre clero e leigos, o plano de Deus para os homens for deturpado e é usado pelo inimigo para incentivar o sistema de castas dentro do corpo de Cristo, entre aqueles ditos profissionais do Ministério, supostamente com acesso e linha direta com o céu, e aqueles que não são, os leigos, supostamente menores no Reino e desprovidos de tantos poderes celestiais.

Mas a grande verdade é que todo o Corpo de Cristo é chamado para o Ministério em tempo integral, seja como reis, a grande maioria, ou como sacerdotes, estes indispensáveis e insubstituíveis.

## O Ministério Do Mercado De Trabalho

Durante muitos anos sentado nos bancos das igrejas, apaixonado por Deus Pai, Filho e Espírito Santo e sua mensagem em Sua Palavra, tendo visto minha vida ser transformada para melhor em todos os níveis, tendo adquirido a certeza da minha salvação, tudo isso por constatação bíblica documental, estudada e refletida, o que torna-se natural querer obedecer a ordenança de Cristo em levar o evangelho aos quatro cantos da terra. Quando vemos tantas pessoas, entre entes queridos, sofrendo e perdendo a salvação para a vida eterna, correndo o risco de irem definitivamente para o inferno eterno, sonhamos em levar a mesma mensagem que nos alcançou, adiante.

Mas é ai que surgem as dúvidas. Como fazer isso? Vou ter que ser um pastor? Tenho que começar como voluntário? Estudar? Não haveria lugar nos púlpitos se todos os crentes convocados por Cristo quisessem ser pastores. Será que ser missionário seria a alternativa? Durante muitos anos foi, mas isso implica uma vocação forte face aos enormes desafios culturais ou de sustento financeiro.

Todos nós sabemos que os grandes avivamentos mundiais e movimentos missionários surgiram no mundo de língua inglesa. Acredito que não por acaso o inglês ser a língua mundial e a nação do Estados Unidos o país mais próspero e cristão protestante do mundo. Nos últimos séculos os Estados Unidos foram os maiores exportadores e financiadores de missionários em todo o planeta.

Em 2012, quando fui convidado para integrar o Curso de Liderança Avançada do Haggai Institute nos Estados Unidos, que prepara líderes cristãos influentes para voltarem às suas pátrias com conhecimento avançado em promoção do evangelho, tive contato com este Ministério do Mercado de Trabalho.

Recebi uma bolsa de estudos no valor de US 10 mil dólares que custeou passagem e estadia em um resort no Hawaii para nos dedicarmos exclusivamente a nossa preparação durante trinta dias. Entre diversas disciplinas de ponta que incluíam desde marketing, redes sociais, youtube, cursos de fotografia, cinema e mídias, para não citar as óbvias matérias de teologia cristã, me surpreendeu um fato ocorrido comigo. Nós não nos preocupávamos com nada, diversos voluntários, todos com mais de 60 anos de idade, que pagaram U$ 5 mil dólares cada pelo privilégio de nos servir durante um mês, cuidavam de todos os detalhes para que pudéssemos apenas estudar sem preocupações.

## Bilionário Limpador De Privada

Um dia, entre uma aula e outra, usei o banheiro de minha suíte quando o vaso sanitário entupiu. Chamei a recepção e chegou um senhor de uns 65 anos, vestido com uma camisa havaiana estampada com belas flores, e não deixando que eu ajudasse, consertou toda a porcaria resultante do entupimento. Durante estes 15 minutos, ele me pediu que me dedicasse aos estudos porque ele havia vindo de longe, pago caro para estar ali, e estava orando por mim todos os dias para que Deus me usasse em todos os conhecimentos que estava recebendo.

Num determinado momento ele me disse: meu filho, eu não precisava estar aqui mas acredito que fazer isso seja o certo para Deus. Eu tenho um jato Gulfstream 650 meu estacionado no aeroporto de Maui que me trouxe da minha casa até aqui, apenas para lhe servir, faça jus ao tempo e graça que o Senhor está lhe concedendo e acrescentou: "Informe-se sobre o Ministério do Mercado de Trabalho, sei que sua nação ainda não conhece isso". Este é o caminho de Deus para alcançar toda a terra.

Esqueci daquilo, pois a imagem do empresário com um Gulfstream 650, o jato executivo mais caro e luxuoso do planeta, vindo para limpar minha privada e me servir, ficou mais forte na minha memória. Forte também ficou a impressão de que a América do Norte continua poderosíssima na missão de levar o evangelho aos quatro cantos da terra e de que o dinheiro não atrapalha ninguém em servir a Deus ou ser espiritual, muito pelo contrário, foi a ferramenta vital que financiou minha ida a este curso e a esta experiência que registro agora em livro.

É fato verídico que este suposto sistema de castas que nos leva a criar cidadãos de segunda classe dentro do Reino de Deus, tem causado problema para muita gente. John Beckett, é um líder empresarial que escreveu um excelente livro para líderes empresariais chamado "Lovely Monday" (Adorável Segunda-feira) onde ele redescobre o prazer de trabalhar, desta vez, certo de que está servindo a Deus da melhor forma.

Ele diz que durante muitos anos sentia que sua atividade de colocar o pão na mesa de sua família o fazia sentir como atuando em uma atividade menos sagrada do que se fosse pastor ou missionário. Como John, muitos empresários ou simples profissionais sentem a mesma coisa, acham que para servirem a Deus plenamente precisam largar suas profissões para ingressar no sacerdócio de uma igreja instituída.

Quando este chamado chega, esta forma de pensar que incomoda muito cristão, causa sérios problemas como deixar uma profissão e carreira, não saber como se sustentar, com implicações para toda a família.

Será que é isso que Deus quer? Se não é isso, onde Deus quer que eu aplique, a favor do Reino, todo o talento, inteligência e capacidade que Ele criou em mim?

## Verdade Importante E Ignorada

A grande verdade é que muitas vezes o chamado para o Ministério é real, mas não significa deixar sua posição profissional, e sim servir exatamente naquela função, onde Deus irá abençoá-lo nela, e ungi-lo para isso. O chamado é muitas vezes forte, mas para servir no Mercado de Trabalho, no local onde você está plantado. Há dezenas de pessoas que passaram anos no trabalho da igreja, achando que isso era o que Deus queria para suas vidas, para anos depois descobrir que eles não se encaixavam exatamente naquilo.

Logo depois que deixei o Haggai em Maui, precisava ir de lá para New York a trabalho e fiquei mais duas semanas entre Los Angeles, Pensilvânia e New York. Em todos estes lugares fiquei hospedado com parentes ou famílias de residentes cristãos, conversei com pastores, visitei igrejas e conheci quão extenso e abrangente é o movimento sobre Ministério no Mercado de Trabalho em todo os Estados Unidos. Muitos pastores abraçam a causa, muitos empresários reescreveram a história de suas vidas quando receberam esclarecimento e preparo para atuarem como ministros em seus locais de trabalho, e mais ainda, grande prosperidade da parte de Deus recaiu sobre suas vidas e negócios quando passaram a servir com entendimento e autoridade, em suas próprias empresas ou ambientes profissionais.

Ao sair de Maui, trouxe comigo uma mala de livros com inúmeros títulos sobre liderança cristã inéditos no Brasil e que provavelmente nunca serão traduzidos para o português por falta de interesse comercial. A maioria versa sobre o tema Ministério do Mercado de Trabalho. Depois, quando resolvi realmente escrever sobre o assunto, adquiri via loja online Amazon na versão Kindle, uma série de outros títulos de outros autores americanos sobre o tema, sempre disponíveis apenas na língua inglesa.

Quando cheguei no continente, em Los Angeles a caminho de New York, fiquei preso seis dias na Califórnia na casa de minha prima casada com um bem sucedido advogado de New Port, por que o furacão Sandy havia entrado em New York e todos os voos para lá estavam cancelados. Pudemos conversar muito sobre o assunto porque ele e toda sua família eram cristãos protestantes. Ele me testemunhou quão grande, atuante, efetivo e forte é o trabalho do Reino de Deus na América do Norte.

Como não conseguia chegar a New York, voei para Pensilvânia para me hospedar na casa de um casal de brasileiros amigos onde fui recebido com um almoço em minha homenagem pelo pastor de sua igreja local. Todos queriam saber sobre o mover de Deus no Brasil e o que eu trazia na bagagem sobre o Haggai em Maui. Conversamos muito sobre tudo isso. A mesma coisa foi em New York quando cheguei, fiz contato com outros pastores batistas indicados por amigos pastores do Brasil com os quais converso até hoje e todos foram unânimes em observar que o movimento ministerial americano no mercado de trabalho trata-se de um avivamento histórico sem precedentes que esta contagiando todo o mundo.

Cada vez que sabia mais detalhes sobre o tema, que lembrava

que estava com minha mala repleta de livros a respeito, que praticamente ninguém conhecia no Brasil, comecei e pensar em traduzir um destes livro. E foi o que fiz, assim que cheguei, escolhi dentre todos o que achava mais interessante, escrevi ao autor, expliquei que queria ser o tradutor para a língua portuguesa porque meu país e minha família precisavam conhecer o assunto, e fui autorizado a fazer a tradução.

Terminei o trabalho, enviei para o autor que ficou de mandar o trabalho para edição e apesar de fazer contato diversas vezes, nunca mais ouvi falar a respeito. Pelo menos a tradução ficou registrada por mim no Copy Right americano. O livro e autor escolhido prefiro não revelar por questões éticas mas o fato é que o ocorrido foi a centelha que faltava para que eu começasse a escrever o meu próprio livro e experiência sobre o assunto. Afinal eu tinha vivido esta realidade in loco, estava lendo toda a literatura a respeito, e foi assim que nasceu este livro.

## O Mais Poderoso Dos Ministérios

E ao ler diversos autores sobre o tema, descobri que o movimento teve um tempo próprio de nascimento quando alguns pastores de grandes igrejas na Califórnia, proferiram alguns dos sermões mais memoráveis da história recente que começavam com um pedido de desculpas público direcionados as pessoas que estavam no mercado de trabalho. Pastores pediam que estas pessoas ficassem de pé porque eles queriam lhes pedir desculpas e muitos faziam isso com lágrimas e prantos de arrependimento dizendo que o Senhor lhes havia dado a revelação de que estas pessoas tinham a mesma unção que eles pastores.

Alguns chegaram a dizer que estavam prostituindo seu púlpito dizendo que eles eram o único caminho do sucesso e continuavam afirmando que todos os profissionais eram reis no mercado de trabalho, que o Senhor havia lhes mostrado que existem uns chamados para serem sacerdotes mas há muitos mais chamados para serem reis.

Estes acontecimentos abriram um precedente histórico de consequências universais, eternas e irreversíveis na medida que passam o imbuir crentes super capacitados entre empresários e profissionais das mais diversas áreas, a receber autoridade de Deus para atuarem como ministros em tempo integral sem deixarem suas profissões, mas fazendo delas suas plataformas de atuação das diretrizes do Reino de Deus para abençoar vidas e levar salvação.

Deus está procurando classe especial de cristãos cultos e dotados para atender e liderar este chamado. Ele quer levantá-los para além dos limites da religião em uma caminhada íntima e direta com Ele sem intermediários. Deus quer comissioná-los com Seu novo mandato. E não é para ser um simples voluntário na portaria ou no berçário da igreja. Nada contra o voluntariado nas igrejas, eu mesmo já fui um várias vezes, mas com certeza lá não é o o clímax de um chamado ministerial. Deus tem um mandato para você empresário ou profissional que se sentiu até hoje frustrado de não ser um pastor ou missionário. Existe um avivamento espiritual global em curso contagiando todo o sistema capitalista mundial, toda a sociedade em todas as nações.

Durante este avivamento iniciado na Califórnia, após esta

febre de arrependimento que atingiu diversos pastores, eles começaram a pregar sobre isto, a se reunir com outros pastores para tratar disso, passaram a ungir profissionais e empresários para esta função de forma serial e os testemunhos começaram a eclodir por toda a parte na América inglesa, através de pastores como Rich Marshall, Ed Silvoso, Os Hillman entre diversos outros, que começaram a escrever livros a respeito, a promover conferências e seminários, a estudar o assunto com muita oração e a organizar cursos de capacitação de Ministros de Mercado.

E de repente milhares de pessoas começaram a entender porque tantas portas se fechavam para servirem nas igrejas e agora podem ganhar muito dinheiro sem remorso para promover o Reino de Deus. Ninguém precisa se sentir menos espiritual por ganhar muito dinheiro. E sinais e milagres começaram a irromper nas empresas, paradigmas mal interpretados começaram a ser quebrados para a realização dos crentes e acima de tudo, do sucesso da missão do evangelismo em alcançar, salvar e transformar vidas para muito melhor.

## O Poder E A Intimidade De Deus São Para Todos

As pessoas começam a perceber que não existem pessoas super espirituais para orar pelos enfermos em nome de Jesus, nem precisam de diplomas nem mesmo serem totalmente santos para usarem seus dons espirituais para expulsar demônios, mas precisam da fé e do conhecimento, que se adquire pela leitura de Bíblia, oração, vontade de ter intimidade com Deus e da compreensão da Sua Palavra.

No livro Revolution de George Barna, um pesquisador americano renomado de estatísticas sobre igrejas, fala sobre os locais em que os americanos hoje obtém sua influência. Barna diz que há sete esferas dominantes de influência identificadas por pesquisas que perguntava as pessoas de onde elas tiravam suas influências.

De acordo com os resultados, as sete esferas dominantes são: filmes, música, televisão, livros, internet, leis e familiares. Em um segundo nível institucional depois das setes primeiras, apareceram: escola, colegas, jornais, rádio e comerciais. A igreja sequer ficou entre os 20 maiores influenciadores. Essencialmente o que significa que a igreja não tem absolutamente qualquer influência na vida da sociedade como um todo.

A ideia que fica em questão é de que ninguém tem culpa disso mas que pela vontade de Deus, os principais influenciadores sejam mesmo a música, filmes, negócios, rádio, escolas e internet, porque Deus está levantando uma nova geração de ministros sem rótulos, que vai se infiltrar com autoridade nestes lugares e levar o Evangelho a todos aqueles locais em que a igreja ainda não conseguiu alcançar, a todas aquelas pessoas que a igreja ainda não conseguiu trazer para dentro das suas quatro paredes e que com as estratégias que vinha usando, não vai conseguir nunca.

E quem tem influência para estar em todas estas esferas são os reis, é assim que funciona na Bíblia, os sacerdotes serviam aos reis, e não ao contrário, os sacerdotes ouviam de Deus e traziam direção e mensagem para o rei porque era o rei que se relacionava e falava com o povo e não o sacerdote e isso funciona assim até hoje. Padres e pastores devem influenciar os reis para eles dirigirem o povo. Os reis tem a influência no mercado de trabalho, são os cabeças da indústria, das comunicações, eles são os líderes do mundo capitalista que nos falta alcançar.

Essa é a atual estratégia de Deus, que passa a receber revelação relevante num momento que o mundo está globalizado, num momento como o da primeira vinda de Cristo, da plenitude dos tempos, mas que agora, no momento da evidência da segunda e última vinda de Cristo, o da plenitude do final dos tempos.

## Ministros Empresários

Deus está capacitando esta nova raça de ministros empresários e empresárias que até agora vinham sendo menosprezados e colocados em segundo plano. Eles não têm sido orientados sobre sua unção real, e muito pelo contrário, muitas vezes têm sido enganados por legalismo, inconsequentes más interpretações bíblicas ou simples negligência sem culpa por falta de conhecimento ou do momento certo para esta revelação. E de repente a igreja no Brasil se viu dividida entre exageros sobre a prosperidade divina se esquecendo do próprio Cristo, ou por outro lado, por ataques criminosos a uma hipotética teologia da prosperidade que ignora as bênçãos e promessas de Deus sobre riqueza e abundância, transformando crentes em uma massa de cristãos frustrados financeiramente.

A igreja perdeu o ponto e o bom senso entre estes extremos que está causando um retrocesso na imagem da instituição igreja de graves consequências, principalmente para a classe social de maior influência no mundo, os empresários, líderes e todas as pessoas instruídas e dotadas da saudável razão e raciocínio, os quais devem ser base de aumento da fé e não empecilho como querem crer alguns.

O espírito religioso tem pregado contra as coisas materiais, contra a prosperidade e promoção da riqueza que financia o próprio Reino dizendo coisas como: "Você não deveria andar com roupas caras, morar em mansões ou dirigir um Mercedes Benz". Passamos a condenar ao ostracismo nossos reis e nunca lhes demos a oportunidade de dizer-lhes como podem ser capazes de usar suas influências, seus bens e suas capacitações para o Reino de Deus.

O mundo de Deus comporta a abundância para todos os seres, ninguém precisa ser privado do seu para que outros tenham. As pessoas acima de tudo precisam ser orientadas sobre seu próprio valor e capacidades. Nós não queríamos acreditar que um belíssimo carro importado pudesse ser uma ferramenta útil a favor do Reino de Deus.

## Termo Bíblico

Em Apocalipse 1:5-6, o Senhor reverte o termo reis, para a linguagem do Antigo Testamento:

*"E da parte de Jesus Cristo, a fiel testemunha, o primogênito dentre os mortos e o príncipe dos reis da terra. Àquele que nos amou e nos lavou de nossos pecados no seu próprio sangue, e nos fez reis e sacerdotes para Deus e Pai, a Ele*

*a glória e o domínio pelos séculos dos séculos. Amém" (*Apocalipse 1:5-6).

Já o Novo Testamento, em 1 Pedro 2:9, se refere a nós reis, como povo escolhido, como "sacerdócio real". São termos e atribuições de funções bíblicas definidas como sacerdotes e reis, e que hoje poderiam ser entendidas em seus termos correlatos, como clérigos e leigos.

Sabemos que os reis e os sacerdotes incluem todo o Corpo de Cristo, todos nós somos ou um rei ou um sacerdote ou ambos. E sabemos que padres, pastores, missionários, levitas e presbíteros compõem os clérigos, mas a premissa do Ministério de Mercado de Trabalho é de que todos nós somos chamados para o Ministério. E o nosso é o dos reis, porque o termo leigo foi inventado por homens, nós, que não servimos como sacerdotes, somos chamados ao Ministério real.

Real de realeza do Reino de Deus. Real de concreto, efetivo, palpável, o Ministério dos sete bilhões de habitantes da terra que precisam ser alcançados com a mensagem de Deus, que não cabem nas igrejas, que precisam de muito mais do que apenas a Palavra, mas de justiça, de necessidades básicas, de oportunidades, de trabalho, da verdade, de Cristo, de Sua salvação e mudança de vida que transformará todo o mundo, a única solução social, política e de sustentabilidade para todo o planeta.

Estes reis, portadores da unção real, deverão ser os médicos, os professores, funcionários de governo, carpinteiros, engenheiros, advogados, enfim todos os empregadores e empregados de todas as atividades profissionais e comerciais da sociedade, os quais ficam a partir de agora, para efeito deste estudo, definidos apenas como "reis".

Este é o tempo destes reis tomarem posse da "unção real", este é o tempo dos sacerdotes, padres, pastores e todas suas funções eclesiásticas anexas, reconhecerem os reis, seus Ministérios, de capacitá-los, ungi-los e consagrá-los reis do Reino, reis do Mercado de Trabalho, Ministros do Mercado de Trabalho. Vocês, homens e mulheres, outrora relegados a simples leigos, saibam, vocês são reis e rainhas do Senhor, do Reino de Deus, para representá-Lo em toda terra, para fazerem as obras maiores que Jesus fez, para batizarem, curarem, libertarem cativos, e levarem a salvação de Jesus por onde passarem, sem deixar de ser cidadãos e profissionais de sucesso comuns, sem necessidade de rótulos religiosos, apenas como cristãos, melhor e mais efetivo que seja apenas como cristãos.

Não precisamos deixar nossas profissões para servir a Deus, há um chamado que esteve encoberto para servirmos em nossas próprias vocações. Deus está nos ungindo com uma capacitação própria para os negócios e o sucesso de nossos negócios, Deus sabe que tem a ver com o sucesso das obras do Reino, por isso Ele poderá agora agir em nosso trabalho em nossa vida profissional porque sabe que Seus planos estão sendo alinhados com os Dele. E é neste momento que as coisas fluem em seu potencial máximo na vida daqueles que fazem a vontade do Senhor.

Quando acontece a percepção deste chamado para os negócios, somos libertos para agir com eficiência em nosso próprio terreno e a favor do Reino, liberdade esta que permitirá o livre fluxo de bênçãos do Senhor para que sejamos bem sucedidos profissional e financeiramente. Esta unção é o que nos capacita com os dons do Espírito Santo, que nos consagra, nos santifica, nos dá forças e perseverança que concede vitórias. A unção que nos sela com o Seu Espírito:

*"E Ele nos selou como sua propriedade e pôs o seu Espírito em nossos corações como garantia do que está por vir" (2 Coríntios 1:22).*

Não precisamos entrar em conflito ou nos sentirmos menos espirituais por termos sonhos de vencer e ganhar muito dinheiro. Quanto mais tivermos mais poderemos ajudar e maior será a nossa influência.

Esta unção para negócios, selada pela capacitação do Espírito Santo, o fará pensar mais estrategicamente, a ter mais criatividade e receber mais conhecimento, sabedoria e inspiração do Senhor. Esta unção também vai lhe dar vantagens competitivas sobre a concorrência, além de atuar com poder de oração, de testemunhos, de trazer curas, sinais e maravilhas para sua esfera de influência. Adiante falaremos mais sobre estas estratégias no ambiente de trabalho para que surtam o devido efeito.

## A Peça Que Faltava

Este avivamento sobre os Ministros do Mercado de Trabalho nasceu na Califórnia nos Estados Unidos no início da década de 90 e rapidamente se espalhou pelo país, gerando vasta literatura (ver lista anexa no final do livro) que praticamente inexiste no Brasil em 2014, motivo pelo qual priorizei em minha vida a publicação deste trabalho. Este é um mover de Deus que tem ocorrido de forma mais expressiva nos países onde a primeira ou segunda língua oficial seja a inglesa.

As primeiras alternativas a este fato têm começado pelo mundo de língua hispânica, em especial na própria Espanha e com força especial na Argentina, por conta do Pastor Ed Silvoso, escritor de vários livros sobre o tema, e que trabalhava na Califórnia quando eclodiu o movimento, onde existe uma grande massa populacional de imigrantes hispânicos ávidos por conhecerem mais sobre as infindáveis bênçãos que escutam falar em testemunhos por todo território americano.

A conclusão que se chega, é que o papel do empresário aliado ao mover de Deus no mercado de trabalho, não é apenas algo muito importante, mas a peça que faltava para montar o quebra-cabeças da evangelização mundial que fará a palavra de Deus chegar aos quatro cantos da terra antes que Jesus possa voltar em sua segunda e última vinda para concluir o plano de Deus na história da humanidade.

É certo também que sacerdotes devem trazer a visão e levá-la ao povo, e que sacerdotes não detêm os recursos para isso. Este é um dos grandes propósitos dos reis, apesar de não ser o único, porque os sacerdotes precisam deixar de ver os reis apenas como fonte de recursos, sem reconhecer seus dons ministeriais tão poderosos que Deus plantou neles. Não ter pensado sob este ponto de vista não é o problema, mas sim receber esta revelação agora e continuar inerte tentando ignorar esta estratégia tão importante e patente para Deus.

Estes reis detêm vastas redes de influências capazes de contagiar nações. Deus tem o poder de plantar no coração deles grandes estratégias para alcançar todo o mundo e estas estratégias podem não ter relação nenhuma com tudo que jamais foi pensado pelas igrejas, por estar relacionada aos negócios. Que tal por exemplo, apenas para citar algo repentino que me vem à mente: Tanto se fala comercialmente em sustentabilidade, quem sabe um dia reconheceremos a inteligência espiritual ou a sustentabilidade espiritual como solução de conflitos e salvação do planeta, pensem senhores colegas empresários.

Na época que fiz seminário conheci empresários que traçaram planos para alcançar suas empresas para Cristo que eram mais eficazes do que os planos de criados por muitas igrejas. Uma delas patrocinava a formação ministerial de todo funcionário que quisesse cursar um seminário. As estratégias missionárias e evangelistas não devem ser restritas às igrejas. Sou do tempo que farmácia vendia somente remédio e posto de gasolina apenas gasolina. Hoje na farmácia tem sorvete, água, chocolate e os postos de gasolina tem as lojas de conveniência que são pequenos mercados. E quando estas iniciativas surgiram me lembro de terem sido fortemente atacadas jurídica e politicamente pela concorrência. Que nossas igrejas e pastores sejam parceiros para faturarmos almas juntos, para o mesmo Reino.

Cada um de nós tem um plano, um destino e uma missão traçada por Deus para nós. Quando lemos sobre o Rei Davi, por ocasião de seu erro com o relacionamento ilícito com Bate-Seba, percebemos que foi em um momento em que ele deveria estar guerreando com seus soldados, mas se absteve de suas obrigações.

Isto pode nos servir da lição de que quando nos eximimos de nossas obrigações, nos tornamos vulneráveis as tentações, ao pecado e ao erro que pode nos destruir. Temos uma missão de Deus em nossas vidas e veremos a Sua glória quando a cumprirmos. Nós nos expomos a problemas quando estamos fora do nosso chamado.

Muita gente tem deixado seu chamado para os negócios e entrado para um Ministério sacerdotal e com isso acaba nadando contra a maré, fica tentando fazer a obra de Deus sem unção porque está fora do seu chamado. A unção é para agir no Ministério real e não sacerdotal. Aí surge a frustração e daí para a mágoa é um pulo que muitas vezes leva a pessoa a se afastar da igreja e mesmo de Deus.

Enquanto muitos pastores enaltecem seus chamados para o sacerdócio dizendo que: "pode ser que vocês também um dia tenham um chamado assim e venham para o Ministério", enquanto muitos desses reis piedosos estão se sentindo colocados para baixo, isolados, negligenciados e confusos. Sem contar o número de pessoas que criticam pastores que deixaram seus Ministérios quando perceberam que seus chamados não eram aqueles.

Mas quando converso com um desses pastores, eles agora estão radiantes e felizes porque estão fazendo o que Deus queria que fizessem, e não por acaso, tem prosperado em seus negócios, ganhado cada vez mais dinheiro e visto suas áreas de influência aumentarem cada vez mais.

É desejo de Deus libertar os reis em sua vocação para as suas vidas. O chamado de Deus para um rei é tão real, tão poderoso, tão santo e tão justo como seu chamado para um sacerdote. É possível que alguns de nós experimentemos ambos os chamados, onde um ou outro eventualmente predomine ou não, mas o importante é que enquanto a igreja oferecer posições ministeriais apenas na igreja para os seus membros, a comunidade em geral vai perder o que o Senhor designou para alcançar as cidades e nações. Precisamos dos milhões de guerreiros donos de negócios e empresas e de seus profissionais infiltrados que comecem a ver seus negócios e profissões como Ministérios.

Quando estamos cumprindo nosso chamado real, recebemos a unção real. O mesmo acontece no chamado sacerdotal. Mas neste momento Deus está trabalhando para fortificar ambos os chamados, dos reis e dos sacerdotes na compreensão e liberação da unção real.

Quando saímos do curso do Haggai nos Estados Unidos, todos fazemos um compromisso de treinarmos duzentas pessoas no prazo máximo de dois anos sobre as mesmas disciplinas em que fomos treinados como forma de expansão dos benefícios do aprendizado. Durante estes meses relutei entre diversas opções de continuidade dos estudos ou profissionais que não se enquadravam neste compromisso. Todas as tentativas que fazia pareciam maravilhosas para minha vida mas se distanciavam do compromisso assumido.

Durante este tempo, o sonho de escrever um livro foi me incomodando cada vez mais, e cada vez que comentava com algum amigo, pastor ou cristão que fosse, percebia que instigava grande curiosidade em todos eles, uma curiosidade fora dos padrões normais de alguém querer saber sobre um assunto. Comecei a confirmar o que já estava sentido sobre o tema, que tinha uma conotação de aplacar frustrações nesta área da vida de muitas pessoas. Parecia que quase todo mundo se identificava com o que eu estava falando, sobre suas frustrações ministeriais nas igrejas, sua vontade ardente de servir melhor ao Senhor, suas confusões e dificuldades existenciais sobre deixar a profissão para servir na igreja, enfim, o assunto denotava grande curiosidade e todos me faziam prometer que eu iria lhes avisar logo assim que o livro (que eu nem tinha começado) ficasse pronto.

Mas a maior novidade não ficou por aí. Eu tinha me formado como bacharel em direito na véspera de ir ao Estados Unidos para o curso do Haggai. Dar continuidade a isso fazendo a prova da O.A.B (Ordem dos Advogados do Brasil) para tirar a carteira de advogado era uma das minhas prioridades profissionais, pois para advogarmos sem ser através de sociedades de advogados, sozinhos, é essencial que tenhamos esta carteira.

No último período da universidade, prestei o exame e fui aprovado na primeira fase mas não na segunda, ficando por um ponto apenas. Depois que voltei do curso no Haggai e conheci todo este Ministério, durante estes pouco mais de doze meses que não escrevi este livro que Deus tinha colocado no meu coração de escrever, tentei mais três vezes a prova, e coisas inexplicáveis aconteciam para que eu não passasse. Uma vez confundi o horário inexplicavelmente e perdi a hora. Outra duas fui tão mal no resultado, apesar de pensar que estava indo muito bem, que fiquei sem entender. Eu tinha estudado muito mais, me sentia mais seguro e achei a prova fácil, e cada vez que tentava minhas notas era cada vez piores e minha vida financeira e profissional em todos os meus empreendimentos começaram a seguir o mesmo caminho, cada vez piores.

Orei a Deus e senti no coração que era o que Ele queria que eu fizesse naquele momento: "Escrever o livro com o título "Deus no Mercado de Trabalho", contando tudo que eu tinha visto e lido a respeito, em minha passagem pelo Estados Unidos naquele tempo.

O tema me fascinava, primeiro por responder anseios pessoais que jamais tinha tido explicação tão razoável. Segundo, porque a importância do tema era relevante para talvez noventa por cento dos cristãos que eu havia visto nos bancos das igrejas. E terceiro, porque eu havia verificado que este movimento havia tomado o caminho do mundo da língua inglesa e hispânica e não havia absolutamente nada relevante sendo feito, falado ou escrito sobre isto no Brasil, no meu país. Senti mais uma vez, Deus falando direto comigo, ei, isto é contigo, escolhi você para fazer este trabalho e você tem duas opções, fazer ou deixar que eu escolha outro para fazer.

Interessante também, foi que, como já disse antes aqui, apesar de ter tido a formação para ser um pastor, nunca quis abandonar minha vocação empresarial para isso. Não entendia, porque gosto de ler e estudar o que me interessa, estudei bem o que me comprometi a fazer, poderia ser um pastor mas simplesmente não queria, é um direito meu principalmente conhecendo bem a Deus, poder dizer que não era aquilo que Ele queria de mim. Mas o que Ele tinha então como plano para minha vida?

E assim que sai dos Estado Unidos, ainda no curso em Maui, por minha formação e currículo, recebi três, não foi um, três convites para ser pastor em igrejas americanas com bom salário, casa, carro, estudo do filho custeado, férias e plano de saúde para todos.

Pode parecer tentador para muitos mas tinha a certeza que precisava voltar para trazer o que tinha aprendido para o meu país, e no momento que recusei estes convites nem sabia ainda o tanto que conheceria no continente sobre o tema, nem que iria pretender escrever um livro.

E no dia 18 de dezembro de 2013, um ano e dois meses após chegar desta viagem, após não ter sido aprovado pela terceira vez no exame do Ordem dos Advogado, e no meio de alguns problemas financeiros que não estava vendo solução, resolvi começar a escrever o livro. Para minha surpresa, comecei pela primeira vez na minha vida a testemunhar milagres financeiros pessoais, cuja explicação só podiam ser a intervenção sobre natural de Deus. Problemas financeiros que estavam se acumulando tanto em família como nos negócios começaram a ter seus nós desatados milagrosamente. Soluções financeiras inimagináveis de toda ordem, soluções operacionais nos negócios que resultavam em lucro, clientes inesperados que começavam a telefonar, parceiros e sócios comerciais propondo negócios por muito tempo sonhados, convites para lecionar e palestrar.

Enfim, quando percebi que as bênçãos estavam sendo fruto da obediência ao chamado, quando percebi que o tamanho do fluxo dos resultados financeiros só podiam ser proporcionais a importância do tema com que Deus queria tratar no livro, passei a focá-lo como prioridade total, escutava todas as propostas que vinham e me surpreendia com a facilidade que elas fluíam a meu favor, sonhos que custariam muito para mim no passado muito recente passaram a ser realizados quase que diariamente, mas não perdi o foco, para que você possa estar lendo estas palavras agora.

Eu acordava às 5hs da manhã todo dia para escrever durante duas horas em silêncio enquanto todos ainda estavam dormindo. E sabem que mais? Eu sabia que nada me impediria de terminar porque isto é uma obra do Senhor, para todos que serão alcançados com isso. E sei que vou colher ainda muito mais porque é isso que Deus quer fazer na vida de todo Ministro do Mercado de Trabalho. Deus quer que todos vejam na vida de cada ministro desses, a Sua glória e o Seu poder para que todos saibam que Ele é Deus, que ama infinitamente seus filhos, que prospera, que cura, que salva para a vida eterna, e que traz a Paz que excede todo o entendimento, hoje e para sempre.

Me espanto com a facilidade que as palavras me veem para escrever este trabalho bem como todos os compromissos profissionais lucrativos que meus negócios têm para os próximos dias. Enquanto escrevo estou recebendo uma série de novas inspirações, orientações profissionais e ministeriais que me fazem estar certo, de que quando as pessoas estiverem lendo este trabalho, já terei uma infinidade de outros testemunhos de bênçãos para contar, como também outros livros da parte de Deus para escrever.

Muitos estão sendo totalmente libertos de suas dúvidas e confusões neste momento. Neste processo, a alegria do Senhor está voltando na medida certa, e o chamado de Deus na vida de muitos reis está sendo liberado.

# Capítulo 3

# Empresários Bíblicos

Sabemos que Jesus é filho de Deus, mas teve em José, aquele que cumpriu o papel de pai em sua vida. E Deus não o colocou para ser criado na casa de um pastor, sacerdote ou missionário. Você sabia que Jesus nasceu na casa de um homem de negócios? Sim, um marceneiro que fazia móveis, ferramentas e artefatos de madeira.

## Jesus Foi Criado Por Um Empresário

Se Jesus nascesse hoje, certamente não seria na casa de um pastor ou missionário. Com certeza seria também na casa de um empresário. Quando Jesus nos diz:

*"Não percebeis esta parábola? Como, pois, entendereis todas as parábolas"? (Marcos 4:13).*

Através de histórias naturais do dia a dia, Ele está querendo nos dar lições, querendo nos conectar com o mundo espiritual, onde Ele demonstra como Deus opera em nossas vidas, aumentando nossa compreensão espiritual.

Por isso quando interpretamos a fundo o tema "reis e sacerdotes" ou quando procuramos entender as implicações de Jesus ter nascido na casa de um empresário de seu tempo, estamos percebendo mais outra vez parábolas que trazem entendimento.

Com certeza sabemos que Deus não faz nada por engano, e que Ele não perde oportunidades. Portanto, pode ser que Jesus tenha sido criado na casa de um empresário como parte do plano e propósito de Deus.

O que Deus faz no mundo natural é destinado a nos falar no reino espiritual. Se Deus colocou João Batista para ser criado na casa de um sacerdote, Ele também teve um motivo. Basta lembrar o propósito da vocação que Deus deu a João, aquele que veio anunciar o Cristo, anunciar a chegada do Filho de Deus. Com toda a esquisitice de João, ele foi capaz de alcançar multidões quando pregava a mensagem do arrependimento.

# O Novo Avivamento Vem Do Mercado De Trabalho

João veio para anunciar o Cristo. João não estava preocupado nem com as multidões nem com a popularidade, Ele queria mostrar Jesus aos homens. E o propósito para a vida de João ainda é o propósito para a vida dos sacerdotes. Eles existem para anunciar os movimentos de Deus. E como aconteceu com o Filho de Deus que nasceu na casa de um rei, na casa de um homem de negócios, o propósito do Senhor para os reis é dar vida ao Seu avivamento.

Deus quer usar os reis, os homens de negócios, profissionais, executivos e funcionários de todas as áreas da sociedade para trazer a grande colheita. Isso é algo muito forte. Tenho visto as pessoas nas igrejas orando por avivamento, pelo derramar do Espírito de Deus, muito mais do que quererem construir grandes igrejas ou desenvolver grandes Ministérios, as pessoas querem experiência com Deus, dependência do Senhor, para ver milagres, para ver o Seu mover transformador salvando vidas para a eternidade.

## Capacitando Os Reis

E conforme vou orando dia a dia pela inspiração em completar este trabalho, Deus mostra Paulo falando em Efésios capítulo 4 sobre o aperfeiçoamento dos santos para a obras do Reino e passo a perceber que escrever ou falar sobre a revelação a respeito dos reis e sacerdotes, ainda é pouco perto do que deve ser feito, que é capacitar estes reis para treinarem outros reis que treinarão mais outros e assim por diante. E estou falando de treinamento específico para o mercado de trabalho.

Durante 20 anos como cristão dedicado, passando por diversas igrejas, seminário, cursos, como cinegrafista e produtor de

TV de centenas de congressos cristãos, tenho visto todo tipo de programas de capacitação e estudos para congregações. Treinamentos de escolas bíblicas, para pequenos grupos, para jovens, para voluntários, líderes de louvor entre outros, porém todos concebidos para equipar os santos para o trabalho em nossas igrejas.

Se quisermos ver o avivamento que já chegou, temos que avançar para fora das quatro paredes da congregação. Vocês leitores empresários e profissionais de todas a áreas de trabalho no mundo secular sabem que nada tem sido feito até então para atuarmos especificamente no mercado de trabalho. Mas Deus já começou a mudar esta história, já está levantando capacitadores, treinadores de ministros de mercado e enviando um exército de homens e mulheres ungidos para realizar este avivamento no resto da sociedade. Ao longo deste livro citarei algumas técnicas e estratégias que já estão sendo usadas em todo o mundo.

## Sobre os Reis

Você não precisa ser um CEO de uma grande empresa para atuar para Deus neste segmento. A unção real não tem nada a ver com posição ou ter dinheiro. Você pode ser um freelancer, ganhar salário mínimo e ainda assim ser um rei de Deus. Davi foi ungido rei enquanto ainda era um simples pastor. Deus olha o coração. Saiba esperar como Davi o momento certo que Ele vai liberar seu Ministério real, e você vai derrubar gigantes e vencer batalhas.

Pastores e líderes cristãos de todos os Ministérios que estejam recebendo estas palavras como da parte do Senhor, temos um dever de capacitação que deve ser concluído nestes últimos dias, liberando os reis para seus Ministérios.

## Ordenando Reis

Imagino quantas pessoas nas igrejas amam tanto a Deus mas não encontram espaço nem orientação efetiva nas igrejas em como servir. Até quando cursei meu seminário durante quatro anos e tínhamos a disciplina de evangelização de campo, quando saíamos pelas periferias ou cidades do interior batendo de casa em casa para falar de Jesus não nos preparavam o suficiente para termos sucesso naquela empreitada.

Não tínhamos praticamente nenhuma orientação estratégica a não ser alguém um pouco mais experiente que fosse junto. Ninguém sabia dizer qual a melhor forma de abordar as pessoas para falar de Deus. E não foram raras as vezes em que nos colocaram para correr. Alguns poucos aceitavam Jesus, muito poucos para um esforço e dispêndio tão grande. E depois viajávamos de volta e as igrejas locais nem sempre davam conta de acompanhar estas pessoas.

Muitos que estudam em seminários pensam em servir a Deus em tempo integral, mas normalmente estes planos se incluem dentro das instituições das igrejas. Somos treinados em administração eclesiástica e em nenhum momento somos treinados para servir em tempo integral em nossos ambientes de trabalho, no clube, na academia, no meio de nossos amigos e familiares.

Outro aspecto durante os anos de formação teológica são as preocupações quanto ao nosso sustento e de nossa família. Esta é uma questão muito nebulosa no Brasil, bem diferente do que vi na América do Norte onde é comum, normal e natural o pastor e demais funcionários das igrejas serem assalariados com todos os benefícios desde carro, casa, plano de saúde e educação extensiva a toda a família.

No Brasil quando esse assunto não é visto com péssimos olhos pela sociedade, piora quando muitos ainda optam pelo sacerdócio porque nunca conseguiram se graduar em nenhuma outra profissão, fazendo do que é uma das mais louváveis vocações de um ser humano, uma simples opção de vida financeira.

## Resolvendo Questão Histórica

Mas hoje, este efetivo de força laboral sub aproveitado nos bancos das igrejas recebe a recompensa de sua eterna esperança em fazer mais pelo Reino e ser mais usado por Deus, para todo aquele que ama o Senhor anseia por isso. E a frustração torna-se tão maior na medida da falta de opção em servir. Uma falta de opção que se torna perigosa enquanto ociosos na obra de Deus, nos deixando vulneráveis pela falta do exercício espiritual do serviço real.

Esse grande contingente humano sem função nem espaço para atuar nas trincheiras desta guerra espiritual, formada por mais de 90% de crentes nas igrejas do mundo é formada por negociantes e líderes profissionais na sua maioria comprometidos em tudo que fazem.

Líderes como estes nós encontramos na igreja primitiva registrada no livro de Atos 6:3 quando os sacerdotes da congregação precisavam escolher homens capacitados para o serviço específico de cuidar das viúvas, porque não era razoável que deixassem a Palavra de Deus. Não era razoável como ainda hoje precisamos dos sacerdotes em suas funções insubstituíveis, assim também como foi naquele momento e ainda é hoje que tenhamos líderes de boa reputação, cheios do Espírito Santo e de sabedoria, aos quais constituamos sobre este importante negócio (Livro de Atos 6:3).

Como foram estes líderes naquele tempo, são e devem continuar sendo hoje, homens de boa reputação, cheios do Espírito Santo e de sabedoria, e que se não eram sacerdotes, só poderiam vir de homens trabalhadores e produtivos da sociedade, profissionais, executivos e empregados de todas ou qualquer área do mercado de trabalho para fazerem diferença nos serviços em prol do Reino de Deus. Este é o critério, esta é a origem destes ministros.

Este contingente humano de homens e mulheres de Deus anseiam por fazer parte desta colheita final do Fim dos Tempos. Pessoas que descobriram que seus negócios eram seus Ministérios e eles querem saber como os consagrarem a Deus e qual a base bíblica para isso.

E na qualidade de leigos, de simples crentes como são vistos, devem ser recomendados para o serviço, ou seria melhor e mais eficiente que fossem, não que tenham que ser, mas para que tenham todo o apoio em restaurar o bom nome do cristianismo no meio secular, começando pela área profissional.

## CEOs Poderosos

Homens de negócios como muitos do Antigo Testamento, que tinham recebido o chamado de Deus e viviam no contexto de seu trabalho diário, pessoas prontas para reassumir suas posições no mercado de tecnologia, financeiro, jurídico, do comercio de varejo, das indústrias, sindical, onde quer que possa haver um trabalhador ou negócio instalado.

Reassumir suas posições pelas novas motivações de não apenas trabalhar mas ministrar, munidos da poderosa arma para esta guerra que é a intimidade com Deus, a intercessão, a integridade no agir, o caráter moral, a paixão pelos perdidos e a compaixão pelos que sofrem. Líderes comprometidos em construir relacionamentos com aqueles que precisam de Jesus.

O chamado de Deus é para todos nós. Deus não chamou apenas um grupo seleto. Ele nos chamou a todos. Seus negócios e suas profissões são os seus Ministérios. E uma vez que vocês são chamados de Deus para o Ministério dos negócios, as igrejas na medida que se engajarem nesta nova revelação do Senhor, estas igrejas vão ordená-los ministros de negócios, com se ordena qualquer outro ministro de Deus.

Deus tem um plano muito especial para os negócios e para o profissional cristão, e é bastante apropriado a partir de um contexto bíblico ordená-los. Na igreja mundial a ordenação é algo comum e útil, para não citar as vantagens em muitos países, até das isenções de impostos.

A Bíblia trata de muitas ordenações, que nada mais são que ordens dadas a pessoas ou coisas. No caso das pessoas, entendamos como nomeações. Os apóstolos em Atos 6:3, estavam tendo problemas com o programa de alimentação, e para isso eles separaram sete homens virtuosos para atuarem de forma justa, e este parecer contentou a todos, e elegeram Estêvão, homem cheio de fé e do Espírito Santo, e Filipe, e Prócoro, e Nicanor, e Timão, e Parmenas e Nicolau, prosélito de Antioquia. E os apresentaram ante os apóstolos, e estes, orando, lhes impuseram as mãos, uma maneira bíblica de ordenar os reis.

Estes homens não eram apóstolos, mas com certeza eram membros da igreja e provavelmente, homens de negócios de Jerusalém. O importante é notar que não eram clérigos, não tiveram formação sacerdotal. São homens da igreja que tiveram formação em outras áreas profissionais específicas, e em Atos 6, foram procurados pelos apóstolos para uma atividade de negócios. Ao mesmo tempo que os apóstolos reconheciam suas próprias vocações para pregação e oração, reconheceram naqueles sete homens a vocação administrativa, uma unção para negócios que era evidente em suas vidas e que ia muito além de serem simples diáconos.

E assim chega o dia do Ministério do Senhor ser implantado por todo o Corpo de Cristo, chega o dia do Ministério do Reino de Deus romper para fora do edifício da igreja e permear todo o mercado de trabalho da terra, como os 70 enviados por Jesus em Lucas capítulo 10, estes reis estão sendo liberados para tomar parte na grande colheita de almas para Deus. E este chamado muito provavelmente é para você leitor.

## Reavivamento Liderado Por Deus

Quando comecei a estudar sobre avivamento fiquei surpreso ao saber que muitos avivamentos ao longo da Bíblia tinham sido liderados por "reis", lembrando sempre que ao me referir a rei aqui, significa os crentes que não são sacerdotes, pastores ou clérigos.

Entre estes reis do Antigo Testamento que lideraram avivamentos temos Neemias, um copeiro do rei em Neemias capítulos 8 a 10. Temos Moisés em Êxodo capítulos 32 e 33, David, um pastor em II Samuel capitulo 6, temos Josafá o rei, em II Crônicas capitulo 20, Ezequias em II Crônicas capítulos 29 a 31 e Josias nos capítulos 34 e 35 de II Crônicas, apenas para citar alguns. Todos estes grandes movimentos foram conduzidos por homens e mulheres que não estavam no Ministério profissional da igreja.

Na passagem de Atos, percebemos que após a imposição de mãos sobre aqueles sete homens escolhidos, as palavras nomear ou ordenar os negócios estão conectadas neste texto. Depois de terem encontrado os homens adequados, eles impuseram as mãos sobre eles e os nomearam, ou os ordenaram para a tarefa. Não existe referência à forma como os sete homens resolverem o problema, mas também não há mais nenhuma referência ao problema, e logo após que os apóstolos impuseram as mãos sobre eles, uma nova onda de reavivamento eclodiu.

À medida que seguimos o texto, a próxima coisa que acontece era mais crescimento da Igreja, o número dos discípulos se multiplicaram e provavelmente um número maior de sacerdotes atendiam aos seus chamados. Sem referência à passagem do tempo, o texto citado indica que Estevão estava operando sinais e maravilhas.

Estevão era membro da igreja. Foi nomeado para administrar o programa de alimentação, a igreja cresceu e ele experimentou milagres e maravilhas através de seu Ministério. Foi nas ruas e no mercado onde o poder de Deus se manifestou através de Estevão.

E a questão para hoje é: O que vai acontecer quando reconhecermos os dons e as vocações desses reis que Deus está levantando? Quando você liberar o homem de negócios ungido para ministrar e fazer diferença na sua área de trabalho, Deus vai te usar poderosamente.

Os muitos livros, relacionados nesta edição, que já existem em língua inglesa e tratam deste assunto, mencionam inúmeros testemunhos em diversas cidades do mundo onde empresários começaram a ministrar a palavra de Deus e grandes avivamentos locais estão acontecendo. É muito interessante e enriquecedor observar os movimentos de avivamento da história mas melhor que isso é poder ver e participar de um. Eu quero ser uma parte dele, experimentá-lo, senti-lo, cheirá-lo e minha contribuição inicial está neste livro, neste registro de tudo que vi e que já acontece fora do Brasil. Meu compromisso é viver de forma integral o que me proponho a narrar, preparando treinamentos, promovendo seminários, workshops, manuais e tudo que for possível para capacitar ministros reis para atuarem no mercado de trabalho.

Precisamos ter como foco, ganhar os perdidos e impor a autoridade de Jesus sobre as forças do mal. Avivamentos precisam de líderes como os da Bíblia e dos avivamentos da história. Precisamos de líderes em nosso mercado de trabalho dispostos a responder ao chamado ministerial real de Deus. Homens e mulheres que caminham em tal poder e autoridade que podem quebrar os grilhões da escravidão e da opressão que prende tantos. Precisamos liberar e capacitar nossos reis, nossos ministros reais para operarem no mercado de trabalho.

## Exemplos Modernos

John Wesley, líder cristão britânico do século XVIII, um dos maiores avivacionistas da Inglaterra, foi muito criticado quando afirmava que o mundo era sua paróquia pois reconhecia a necessidade de se levar o evangelho para fora da igreja. Líderes atuais também estão fazendo o mesmo hoje. Pessoas cujas vidas seculares e fé, são integradas, pessoas que não perdem as oportunidades de impactar empresas, comunidades e até mesmo nações para Cristo.

Se hoje procurarmos nas buscas do Youtube por "Faith at Work" vamos encontrar muita coisa sendo produzida no mundo inteiro sobre o movimento Deus no Mercado de Trabalho e vai ser interessante notar que tudo que se faz hoje neste sentido no cristianismo atual, está ocorrendo ainda e apenas, nos países de língua inglesa espalhados pelo mundo com raras exceções como Argentina, Espanha e espero que agora com este livro, comece a acontecer com força no Brasil e países de língua portuguesa.

O avivamento promovido por Jeremiah Lanphier em 1857 na cidade de Nova York começou com reuniões de oração ao meio-dia que o levaram a alcançar milhões de almas. Jeremiah era um homem de negócios que impactou cidades nos Estados Unidos, Canadá, Inglaterra, Escócia e Pais de Gales, um mover como o de Estevão na época da igreja primitiva. Nem Jeremiah nem Estevão precisaram deixar seus negócios para se dedicar ao serviço integral a Deus, eles operaram milagres, sinais e maravilhas no meio do povo, no mercado, no ambiente de trabalho, no amago da sociedade secular.

E ainda hoje, Deus com certeza está querendo mover-se com seu poder nas empresas, nas escolas, nos centros comerciais, nos bairros em todo lugar. E digo mais, para você fazer parte disso, é pegar ou largar, porque Deus tem dito a mim, se você não escrever este livro, farei outro escrever. Resolvi que prefiro ser eu quem o escreva, não quero ficar de fora deste pedido feito pessoalmente por Deus a mim. Se o Espírito do Senhor está falando ao seu coração neste livro, não perca esta oportunidade. Não sei que consequências possam ocorrer se você não o fizer, mas sei bem das bênçãos maravilhosas que você vai perder se ficar de fora da vontade do Senhor.

Todo Ministério enfrenta oposição. Quando a oposição veio para Estevão, quando ele começou a incomodar as forças da tradição religiosa, esta, se sentido ameaçada começou a debater e contestar o que Estevão estava fazendo. Mas ele, respondia com tal sabedoria que não podia ser resistido (Ver Atos 6:10). Sua pregação era dirigida pelo Espírito do Senhor que entrou em sua vida. Além de cheio do

Espírito, Estevão era um homem de negócios de boa reputação e de sabedoria.

Estevão não preparava suas mensagens, elas vinham do coração. Ele sabia que Deus o tinha chamado para a missão, sabia que o povo ao qual se dirigia pertencia a quem o tinha chamado, e quando falava sua mensagem vinha repleta de autoridade. Estevão pregou o que foi a mensagem mais longa do Livro de Atos, tornando-se ao final do Livro, o primeiro mártir da igreja cristã.

E foi logo após o enterro de Estevão no capítulo seguinte que o evangelho se move para fora de Jerusalém em direção da Samaria. Nesta época os apóstolos estão concentrados em Jerusalém e quem lidera o movimento missionário para o resto do mundo da época foram os reis, as pessoas leigas, os líderes em suas áreas de influência, os homens de negócios.

Outro rei desta época foi Filipe que começou seu Ministério pela Samaria, experimentando a manifestação de milagres, tendo sido levado por um anjo para ministrar a um outro líder de realeza, um homem detentor de grande autoridade sob a rainha da Etiópia, e no comando de seu patrimônio. De repente, o potencial para um grande avivamento torna-se realidade através de apenas um dia no Ministério de um dos grandes homens de negócios pregadores de Deus de todos os tempos.

Quantos homens e mulheres de negócios, profissionais de diversas áreas, empregados, que estão solitários e passivos sentados nos bancos de nossas igrejas ficarão lá até que nós os observemos mais de perto? Quanta sabedoria e potencial de Deus existe em todos eles precisando ser despertado, reconhecido, capacitado e enviado. Este exército de Deus pronto para realizar o próximo grande avivamento, talvez o do final dos tempos, está esperando apenas por liberação para ministrarem com base bíblica, uma libertação para entenderem que podem e devem ministrar com a unção do Espírito Santo no mercado de trabalho.

## Empresários Ou Heróis De Deus

Todos nós que amamos ao Senhor, que ansiamos por servi-lo sem saber até hoje aonde nem como, precisamos enxergar nosso trabalho com o lugar de honrar e servir a Ele. E isso começa com nosso exemplo de conduta diário, desde as diretrizes de sustentabilidade que impomos ao próprio negócio até o respeito e consideração ao mais humilde dos empregados. Devemos fazer tudo todo o tempo como se estivéssemos fazendo para o Senhor, como nos ensina Colossenses 3:17, fazendo tudo para a glória de Deus ( 1 Coríntios 10:31b).

Deus quer nos conceder unções específicas de criatividade, produtividade, prosperidade, de capacidade para anunciarmos Sua Palavra através de nossas vidas profissionais para a honra e glória Dele e para isso Ele nos quer produtivos, efetivos e prósperos em todas as nossas atividades pessoais e funções profissionais.

Estevão, em sua famosa pregação mais longa do livro de Atos, para nos mostrar que a nação de Israel nunca esteve toda unida em adoração ao Senhor, exatamente como nos dias de hoje, ele descreve a história de três heróis de Deus, três reis do mercado de trabalho, Abraão, empresário, José, escravo e administrador e Moisés, pastor, além de breves mensagens a Isaac, Jacó, Aarão, Davi e Salomão. Nenhum deles sacerdote.

Abraão era um homem que não sabia para onde estava indo, mas que confiava que estava indo na direção de Deus e que o melhor estava por vir. Um exemplo de fé.

José, sendo humilhado foi exaltado e teve seu sonho cumprido muito além do que podia sonhar.

Moisés, deixou sua zona de conforto para liderar a libertação do povo de Deus, um sonho que começara cerca de meio século antes.

Como tudo na palavra de Deus tem um sentido, é importante notar que a pregação de Estevão é fundamentada na narração da história de alguns homens. E o que há de comum na vida destes homens para serem citados nesta mesma ocasião?

Todos foram crentes leigos, não envolvidos em Ministérios sacerdotais. Abraão era um homem de negócios, dono de terras, pecuarista, investidor de prata e ouro. José como empregado e escravo, podemos dizer que foram atividades estagiárias para o grande administrador que se tornou como governador do Egito, responsável pelo estoque e administração da alimentação de toda uma nação.

Moisés era um homem de negócios da atividade pastoril criado na realeza que se tornou um estrategista em libertar toda uma nação do jugo de seus dominadores. Ou seja, Estêvão usa três empresários para mostrar as atividades de Deus no Antigo Testamento.

Todos eles operaram milagres e maravilhas, tiveram ou interpretaram sonhos, abriram o mar, fizeram a água jorrar da rocha, viram anjos, falaram com Deus, fizeram o cajado virar serpente, ou alçaram posições de destaque e honra quando se permitiram servir ao Senhor, entre outros feitos.

Da mesma forma como faziam Estêvão e Filipe, operando sinais e maravilhas em nome do Senhor, não foi à toa que Estêvão usou estes heróis de Deus como exemplo em seu sermão, para ficar claro que o tempo e crédito pela operação de sinais e milagres nunca estiveram restritos apenas aos apóstolos mas disponíveis para todos aqueles que quiserem ministrar para o Senhor, naquele tempo, hoje e sempre.

Como Deus usou em Atos 6 a 8, um empresário para iniciar um avivamento em sua cidade natal, assim Deus quer fazer conosco. Estêvão foi o primeiro a fazer isso que não era apóstolo e na sequência dele tem vindo milhares fazendo sinais e maravilhas.

Filipe também foi usado para alcançar multidões e as pessoas ficavam impressionadas com os milagres que ele fazia. Deus o usou para libertar desde um feiticeiro até um funcionário de governo de alto escalão e Deus continua fazendo isso em nossos dias e quer usar você que sabe que pode fazer uso deste poder. Deus não está trabalhando apenas em pastores ou graduados em seminários. Ele está usando poderosamente homens de negócios e profissionais de todas as áreas em milhares de lugares fora das igrejas. Deus está operando no Mercado de Trabalho.

## Boom De Mercado Com Poder

Milhares de avivamentos já começam a ecoar por toda terra partindo do mercado de trabalho, no dia a dia do mundo capitalista. Uma reunião de oração no horário de almoço vai surpreender desde seus líderes até afetar toda a empresa. Numa simples conversa no bebedor de água ou no intervalo para o cafezinho, poderá transformar a vida de um colega desesperançoso para uma cura de câncer. Reis orando e curas milagrosas chegando, relacionamentos sendo restaurados, vidas financeiras prosperando. Milagres ocorrendo por toda a parte, pessoas sendo salvas pela simples atitude de um rei que assume sua posição real e usa o poder de Deus em favor de muitos. A única coisa certa é que Deus diz que vai fazer isso:

*"... Nos últimos dias, diz o Senhor, eu derramarei meu Espírito sobre todos os povos" (Atos 2:17).*

Poderá ser através de um colega de trabalho, de um diretor que foi tocado pelo poder de Deus, no campo de futebol, num barzinho, no balcão de uma loja, não importa, o fato é que já está acontecendo e vai ocorrer por todo lugar sobre a terra onde um crente assumir sua posição de rei líder cristão.

As pessoas que receberão este toque de Deus através da sua vida, com certeza não são da mesma igreja que você e muito menos estarão vindo para ela. Eles estão no seu dia a dia, no seu trabalho, na escola, no parque, na rua, será o lugar onde Deus vai derramar o Seu Espírito, porque você vai lhes falar do amor de Deus e da "Ressurreição". Deus vai te usar exatamente onde você está, no seu trabalho, na sua profissão. Seu negócio vai se tornar uma ferramenta de avivamento. Acostume-se com isso porque está no coração de Deus.

Muitos empresários que já foram tocados pelo chamado de Deus nestas revelações, fizeram de seus ambientes de trabalho e de seus "networks", plataformas para servir a Deus, levando o evangelho, senão aos quatro cantos da terra, para muito mais longe do que a igreja está conseguindo levar. Cristãos que compreenderam ao refletirem nestas palavras de Deus, nestes princípios bíblicos, a autoridade que detém da parte do Senhor e que não estavam usando nem usufruindo de suas bênçãos por não saberem lidar com isto. Pessoas que participaram de capacitações ou que simplesmente buscaram orando ao Senhor por como serem mais efetivos na obra de Deus através de suas profissões e negócios. Empresas que com a iniciativa de um ou poucos, contagiaram todo um empreendimento que contagiou uma rede de clientes e que está levando o evangelho cada vez mais longe.

# Capacitação Divina

São empresários, diretores, gerentes ou simples funcionários que iniciam o processo e quando se vê, os mais incrédulos ateus, estão pedindo orações ou começam a buscar uma nova vida em Cristo, porque veem em seus participantes atitudes, exemplos e bênçãos que querem também para eles, porque as respostas que lhes estão sendo oferecidas com o evangelho, eles não têm encontrado em nenhuma outra crença, filosofia ou ideologia de vida que tenham experimentado até então.

Você percebe alguma diferença em como este movimento tem funcionado dentro destas empresas, que seja diferente das empresas que você trabalha? Que seja diferente da maneira como seus chefes dirigem o trabalho de onde você tira seus sustentos? No futuro breve, eu creio que veremos este mover de Deus em todo o Brasil, se infiltrando nas empresas e negócios desta potência econômica adormecida. Creio que esta mensagem, como tudo que Deus faz, está chegando no momento certo. O pouco que já vi, apenas em anunciar verbalmente a chegada deste Ministério, já me dá uma ideia do estardalhaço positivo que o Ministério do Mercado de Trabalho fará nas frentes de ataque do exército do Reino de Deus.

Nos Estados Unidos já são centenas de Ministérios e livros publicados, cuja lista parcial deles, coloco anexo no final deste livro, e que dificilmente serão traduzidos para o português, mas creio que nós escreveremos nossos próprios livros e testemunharemos em breve sobre nossos próprios Ministérios nacionais, contando tudo que Cristo estará fazendo no Mercado de Trabalho brasileiro, em muito breve.

A experiência destes empresários bíblicos que já testemunham do exterior, mostra que eles têm sempre duas histórias para contar. Uma é sobre as bênçãos de paz, da presença de Deus no ambiente de trabalho, com suas respostas de orações e transformação de vidas. A outra história, diz respeito as bênçãos financeiras sobre os lucros dos negócios, das empresas e dos profissionais, inerentes as boas novas do evangelho. A prosperidade não pode ser separada da salvação para a vida eterna, nem do sacrifício de Cristo por nos salvar. A mensagem da Bíblia engloba ambas, elas se relacionam e não existem de forma isolada. A prosperidade é resultado, e não razão da salvação. É resultado do querer andar certo na vida, do trabalho diligente, da honestidade intrínseca dos mandamentos, do conhecimento bíblico, dos princípios do bom e prazeroso trabalho nosso de cada dia.

É importante ressaltar que a ênfase em apenas um destes aspectos é desastroso para qualquer Ministério, seja ele na igreja nuclear ou no mercado de trabalho, vide os problemas dos excessos da tal teologia da prosperidade. Mas ignorar a prosperidade bíblica é outro grave problema. Há que se ter bom senso e sabedoria a respeito.

Existem pessoas e empresas lideradas por ministros de mercado que colocaram suas vidas ou empreendimentos a serviço do reino, com tal intensidade, que negligenciaram aspectos de produtividade e lucros em suas vidas ou negócios, trazendo graves problemas para suas vidas, perdendo neste processo a base de sustento de seus lucros, perdendo de vista o propósito de seus negócios com fins lucrativos. Em contrapartida, muitos também tem errado em focar em demasia o dinheiro, sem nunca encontrar tempo para as verdadeiras bênçãos do cristianismo como transformação pessoal, paz entre outras coisas.

Ganhar muito dinheiro não é pecado muito menos algo reprovável, porém profissionais e empresas precisam ter como princípios, dar empregos e gerar lucros, ao mesmo tempo que promovem a paz oferecendo a funcionários, clientes, fornecedores e à concorrência, uma maneira de descobrirem Cristo e a vida eterna.

Se em meio as práticas espirituais no mercado de trabalho, a empresa não estiver atingindo lucro, algo está errado, poderão estar orando demais e trabalhando de menos. Negócios precisam gerar lucros, crescer, criar reservas e reinvestimento. O mover de Deus no Mercado de Trabalho não nega a necessidade das empresas gerarem muitos lucros.

# Capitulo 4

# Deus Executivo

*"Façam negócios até eu voltar" (Lucas 19:13).*

Estas palavras de Jesus podem ter passado desapercebidas por muitos cristãos durante anos, mas elas estão aí. Faz parte da criação divina, a arte de negociar e assim Deus quer que façamos, que produzamos e multipliquemos riquezas. Assim disse Jesus. E se Ele disse, isso é muito importante.

A análise de Lucas 19 é muito importante para o cristão, para o profissional e todo empresário. Precisamos, devemos e temos que ser trabalhadores, profissionais, eficientes e produtivos em tudo que fazemos, fazendo como se fosse para Deus, e contrariar essa determinação divina significa castigo. Leiam Lucas 19 e me digam se não é o que entendem. Analisaremos esta passagem em detalhes adiante.

Ainda sobre negócios e a vontade de Deus, existe na

Guatemala uma pequena cidade chamada Almolongo onde é comum se ver filas de mulheres carregando grandes legumes sobre a cabeça. O que parece uma cena comum no interior do um país agrícola, é que aqui, as filas formadas nesta cidade são muito longas, do tamanho de muitas quadras e os produtos que elas carregam são extraordinariamente grandes. Outro fato notório na cidade de Almolongo é que com uma população de apenas 18.000 habitantes, existem várias grandes igrejas evangélicas, talvez dez ou mais, contendo mais de mil membros cada.

A história desta cidade é incrível. Ela era pobre recentemente e voltada para uma forte adoração a crenças místicas e diabólicas, e hoje ela é próspera e cristã. Durante sua pobreza, a taxa de alcoolismo era extremamente alta até o dia que a esposa de um dos alcoólatras resolveu pedir a um pastor para orar por ele enquanto ele dormia. E aconteceu de Deus libertar este homem desta dependência enquanto dormia, acordando um novo homem, curado e livre da bebida. Logo continuaram orando por outros e quando viram toda a cidade estava sendo transformada.

Eu poucos anos, bares começaram a fechar e as igrejas a crescer. E como se não bastasse, Deus começou a irrigar as plantações diretamente do subsolo. Os legumes e verduras começaram a ficar maiores, mais saborosos e mais densos e a cidade que outrora fora pobre, tornou-se a cidade mais próspera da região. Onde só havia pobreza hoje há prosperidade.

A prisão foi fechada por falta de crime e 90% da população agora é cristã. Almolongo tornou-se uma cidade transformada pelo poder do Espírito de Deus. Procure no Youtube por vídeos contando a história da cidade, não faltam documentários e reportagens nacionais e internacionais testemunhando o fato, mas que nunca vemos nos principais meios de comunicação e recentemente tem chegado a nós pelas transformações tecnológicas como o Youtube que estão quebrando com o monopólio das mídias manipuladas e nas mãos de descrentes.

Vários avivamentos ocorreram na história começando por Pentecostes. Mas a exemplo do que ocorreu em Almolongo na Guatemala, tivemos a cerca de 150 anos atrás um grande avivamento no Mercado de Trabalho, com certeza um predecessor do que já está acontecendo agora.

## Wall Street Financeiro Ou Espiritual

Em 1857, um grande avivamento entre homens de negócios aconteceu em Nova York nos Estados Unidos, bem na região onde hoje é Wall Street. Um homem de negócios chamado Jeremiah Lanphier assumiu a incumbência de iniciar reuniões de oração nas horas de almoço, bem próximo a Wall Street, a rua do Bolsa de Valores americana, a mais importante do mundo, em um tempo que a especulação havia derrubado a economia dos Estados Unidos, fazendo com que seus habitantes se vissem desacreditados do futuro, sem esperança e sem fé.

Sentindo o peso da necessidade, Lanphier decidiu convidar outras pessoas para se juntarem a ele em uma reunião de oração ao meio-dia, a ser realizada às quartas-feiras. Então, ele distribuiu folhetos em que convidava as pessoas a participarem da reunião e a orarem, não importa qual fosse a situação, a orar pelos negócios, quando estivesse com o coração grato, quando sentisse o peso da tentação ou qualquer outro motivo. No primeiro dia o relógio marcou meio-dia e ninguém apareceu. Vinte minutos e Lanphier se achava sozinho no local.

Após algum tempo seis pessoas apareceram e eles iniciaram as orações. Alguns meses depois decidiram realizar uma reunião diária em vez de semanal. Dentro de seis meses, 10 mil homens de negócios estavam se reunindo diariamente para a oração em Nova York, e em dois anos, um milhão de convertidos foram acrescentados a igrejas americanas.

Charles Finney escreveu o seguinte a respeito deste mover de Deus: "o inverno de 1857-58 será lembrado como o tempo em que um grande avivamento prevaleceu. Ele varreu a terra com tal poder que estima-se que neste período não menos que 50.000 convertidos tenham surgido semanalmente".

Precisamos sonhar sonhos maiores, fazer planos mais ousados. Precisamos de estratégias para o Reino de Deus que impactem cidades inteiras, regiões, nações, podemos através do mundo globalizado e digital, traçarmos estratégias de evangelização efetiva, moldada em práticas inovadoras que se espalhem através do marketing viral, das redes sociais, por todo o planeta. Podemos virar o jogo do mal contra o bem, de satanás contra Deus, do diabo contra nós, contra nossos irmãos e nossa eternidade.

Mesmo que usemos todas as táticas usadas dentro das igrejas

para alcançar toda a terra para Jesus, ainda assim estaremos muito longe de consegui-lo, a história tem revelado isso, o número de perdidos parece aumentar exponencialmente cada vez mais. Parece que estamos perdendo a guerra mesmo com as armas mais poderosas que são o nome de Jesus. Temos verdadeiros fuzis de fé e salvação nas mãos e sequer os empunhamos para impor nossa bandeira.

## Cavalos De Tróia

Mas guerra também se ganha com guerrilha. Temos que nos infiltrar no terreno do adversário, cobertos por nossos irmãos, com o poder da oração, para sabotarmos os terrenos do inimigo de dentro para fora. Temos que nos infiltrar nas áreas mais importantes da vida, nos locais de decisão e influência, na alma do capitalismo e passarmos a usar a força do dinheiro para o Reino, e não deixar um instrumento tão poderoso nas mãos do nosso opressor, temos que usar nossos dons e talentos para esta guerra, nossos dons e talentos para nossa realização profissional e espiritual. Porque não? É assim que tem que ser, é assim que Deus quer.

Temos toda base bíblica para isso, estamos analisando cada uma delas com você, outrora dito leigo, mas que tem o mesmo Espirito Santo que qualquer outro pastor, que qualquer apóstolo que não foi a seminário, que como Paulo que nem conheceu ou andou com Jesus, nós podemos analisar a Bíblia, a vida e as circunstâncias por nossa própria razão, desde que tenhamos o Espírito Santos, como Jesus nos ensinou a agir assim em Jericó:

*"Em Lucas capitulo 18, Ele estava entrando na cidade de Jericó*

*acompanhado de uma multidão, quando um cego na beira do caminho começou a clamar seu nome bem alto...".*

Aqueles que o seguiam, seus seguidores, que poderíamos chamar hoje de a igreja, tentavam calar o cego porque Jesus estava muito ocupado. Sabemos da importância de horários e compromissos mas muitas vezes deixamos de estar com Deus por horários ou programas preestabelecidos. A multidão ao redor de Jesus estava agindo da mesma forma. Achavam mais importante cumprir uma programação do que parar para atender um cego.

Mas ao contrário também do que muitas igrejas pensam e se esquecem, o compromisso de Jesus era com aquele cego, a agenda principal de Jesus é com os pobres e oprimidos. O mendigo recebeu atenção total de Deus, Jesus parou tudo para ver o que podia fazer por ele. O que temos feito por nossos pobres, famintos, abandonados, idosos, viúvas, presidiários e oprimidos. Ou você está apenas dizimando para a construção de belos prédios para novas igrejas?

Esse mendigo não pediu dinheiro nem comida, pediu o que era muito maior, a visão, seus olhos. O que é que você tem pedido para o Pai. Ele quer realizar os seus desejos. O que é o mais valioso? Ou você ainda é daqueles que pede apenas dinheiro ou comida?

Quando Jesus o curou, muito mais pessoas o aceitaram como Senhor. Muito mais jejum se faz por dinheiro e comida do que por almas. Quando você pede o maior, o resto é consequência, Deus quer que você tenha tudo, que tenha o melhor, Ele te capacita, mas para o propósito para o qual Ele te fez. Bartimeu ao pedir sua visão, recebeu todas as outras coisas como consequência, dá para perceber?

Precisamos orar para enxergarmos os feridos e os pobres, precisamos clamar por capacitação para que eles sejam nosso público alvo, para que possamos ajudá-los.

Ainda em Jericó, Jesus de novo encontro Zaqueu, que por causa da multidão, também não podia ver, mas Jesus o viu, Zaqueu, um cobrador de impostos rico, era uma prioridade de Jesus. A multidão de seguidores de Jesus, aqui comparada hoje a nossa igreja, muitas vezes atrapalha as prioridades de Jesus. Nós nos fechamos nas paredes de nossos templos e muitas vezes mais atrapalhamos do que auxiliamos Jesus no cumprimento de suas prioridades para as cidades.

Nós nos fechamos nos Ministérios da instituição igreja querendo que o mundo venha a nós, e quando saímos de lá de volta ao mundo, de volta ao trabalho, ao clube, a escola, vivemos como que outra vida, deixando na igreja nossos Ministérios, que deveriam ser Ministérios de tempo integral em todas as áreas da vida.

Interessante notar que nas prioridades de Jesus não estavam apenas os pobres, mas os ricos também. Todos são importantes para Jesus e os ricos também sofrem. Estou certo de que Jesus considera ambos os grupos por igual e é papel dos reis desde o antigo testamento acabar com as injustiças, alçar a condição dos pobres e remover todo tipo de opressão. Os reis devem ter dedicação especial aos pobres, devem liderar a ministração a eles.

E nessa hora a multidão se viu diante de outro problema. Jesus se convidou para jantar na casa de um pecador. Será que nossas igrejas de hoje vão aceitar que você esteja entre pecadores?

## Pecadores De Deus

Jesus em seu Ministério terreno procurou sempre estar entre o povo. Quando questionado, disse em Marcos 2:17, ou em Lucas 5:32, que não veio chamar os justos, mas os pecadores ao arrependimento.

Disse ainda que os sãos não necessitam de médico, mas sim, os que estão doentes. É muito fácil e infrutífero criar vida social apenas entre os irmãos da igreja. Jesus esteve entre os pecadores, os ladrões e as prostitutas, pois estes precisavam da salvação.

Deus nos pede que cuidemos dos pobres, dos famintos, das viúvas e dos oprimidos, mas os ricos também são filhos de Deus, e uma vez salvos, tem muito mais poder, influência, preparo e recursos para alcançarem muito mais pessoas.

É preciso ir ao mundo. O mundo tem alergia à igreja, fogem dela como o diabo da cruz. Precisam estar muito abatidos para arriscarem o que consideram uma humilhação. Já ouvi dizerem que religião é para os derrotados. Precisamos largar os maneirismos do povo de Deus, sem abrir mão dos princípios bíblicos e invadirmos o mundo, e os líderes empresariais tem grande habilidade para fazer isso. É o meio deles, é o seu povo e nele tem influência. É claro que

Deus iria usar aqueles mais próximos da colheita para trazer os frutos.

Jesus fazia amigos entre pecadores, fossem pobres ou ricos. Precisamos focar este mesmo público, precisamos acabar com nossos próprios preconceitos. Os que ainda não conhecem o Senhor precisam experimentar o Seu amor. E Jesus foi capaz de fazer isso sem qualquer condenação.

Nós não vemos Jesus dizendo para Zaqueu ou Bartimeu que eles são pecadores e não vão para o céu. Jesus é só compaixão. Para o cego, Ele perguntou: "O que você quer que eu faça por você?" (Marcos 10:51). Para Zaqueu Ele simplesmente disse: "Hoje veio a salvação a esta casa, porquanto também este é filho de Abraão" (Lucas 19:9).

Zaqueu mal conheceu Jesus e já resolveu dar metade de seu dinheiro aos pobres e Bartimeu se tivesse pedido dinheiro em vez de visão, estaria cego e com dinheiro que Zaqueu distribuiu. Se Jesus pode fazer um homem distribuir dinheiro e um cego enxergar, você não acha que ele pode cuidar de suas necessidades muito bem?

## A Parábola Do Empresário

Em Lucas 19: 11 – 27, o público de Jesus incluía os que o seguiram até Jericó, os que Ele pegou pelo caminho, e um cego com um rico que tiveram suas vidas transformadas. Ambos a essa altura e todos que os seguiam, estavam prontos neste momento a ouvir suas palavras. E Jesus começou a falar sobre dinheiro.

Por mais que encontremos os arautos defensores da pobreza, alegando toda sorte de teorias e passagens bíblicas mal interpretadas, você empresário verdadeiramente cristão, sabe que existem propósitos muito maiores para a sua vida do que deixar que o dinheiro te dirija e entende muito bem o conceito de ganhar dinheiro.

É certo também que Jesus está preocupado com muito mais do que apenas dinheiro em nossas vidas, mas ele tem uma parábola especifica para o empresário e sobre ganhar dinheiro. Jesus nos quer ganhando dinheiro, foi Ele quem disse.

Nesta parábola, temos a história de um homem que partiu para uma terra distante. Ele chamou dez dos seus servos e deu uma soma de dinheiro para cada um deles. Após dar o dinheiro aos seus servos, ele lhes disse:

*"Façam negócios até que eu volte" (Lucas 19:13)*

... o que são instruções para uma empresa ou um profissional liberal. Toda vez que você receber uma quantia de dinheiro com o comando: "Faça negócios até que eu volte", você obviamente vai perceber a importância e as consequências do pedido.

Precisamos ser diligentes, criativos, estratégicos, estudiosos, disciplinados e produtivos. Devemos investir bem, trabalhar duro, planejar bem e fazer o que for preciso para fazer bons negócios com este dinheiro.

Nesta parábola, alguns trabalhadores negociam bem outros não, mas interessante é a recompensa concedida pelo Senhor aos bons negociantes. O que ganhou dez minas, passou a ter autoridade sobre dez cidades. Autoridade sobre cidades! Esta é a recompensa por negociar corretamente e bem. Autoridade sobre a sua cidade a mais nove.

Essa percepção é extremamente importante e tem sido negligenciada nas melhores interpretações bíblicas ministradas na maioria das igrejas. Ela tem sérias repercussões. Quando Deus lhe concede talentos para trabalhar mais e ganhar mais dinheiro, Ele tem um propósito para isso. E o propósito não é apenas ganhar mais e viver mais fácil e melhor. O propósito de Deus é tão rico que vai até mesmo muito além da capacidade de darmos mais.

## Sucesso Pessoal E Reino De Deus

Em nossa sociedade atual, profissionais, atletas, empresários, líderes em geral e formadores de opinião das nações são vistos como pessoas bem sucedidas. Houve tempo em que foi o clero, há países em que são os militares mas no mundo capitalista as pessoas querem ouvir quem tem sucesso financeiro.

Deus tem nos concedido talentos, que podem ser dinheiro, ideias, inspirações, posições profissionais ou estratégias de trabalho.

Tudo isso Ele quer abençoar, multiplicar por dez e lhe dar autoridade pelo que conseguiu. Lembre-se sempre que esta autoridade será para o Reino de Deus. Ele quer você impactando cidades. Deus quer que sua influência como cristão, através da sua vida profissional, seja o seu Ministério, seja o sal da terra para sua cidade, estado, nação, para toda a humanidade e gerações.

Ele quer você impactando o mundo para o evangelho, da mesma forma ou mais, que o evangelho impactou a sua vida e te transformou para melhor. O mundo está sofrendo sem o evangelho, sem Cristo, sem a luz de Deus que acaba com as trevas do desconhecimento da verdade. E você não precisa mendigar ou esperar um lugar na sua igreja para fazer o melhor para servir a Deus. Você já tem toda a autoridade para exercer o seu Ministério já, onde quer que você atue.

Chegou o momento dos reis do Senhor assumirem o seu papel dado por Deus e mudar nosso mundo. As soluções do mundo não virão dos processos políticos, temos esperado em vão por isso. Deus em sua sabedoria, sabe que o cuidado com os pobres é uma questão cristã. E recursos para isso não se levantam pedindo, mas produzindo e trabalhando.

Deus está colocando o mandato sobre os ombros dos reis para combater a opressão, para o cuidado com os pobres, para trazer justiça e a misericórdia a nossa terra. Esta autoridade que é dada por Deus, deve ser administrada com cuidado e oração. Deus está levantando você para este momento especial da história da humanidade.

Esta parábola não é sobre plantar igrejas, ou sobre frutificar almas para Deus, nem tem intenção missionária ou sacerdotal. Ela é especifica para negócios e para líderes empresariais impactarem cidades inteiras para o evangelho de Jesus.

Como com Gideão no Livro de Juízes 7 quando de dez mil guerreiros, Deus separou apenas trezentos. Hoje, da mesma forma que na parábola de Lucas 19 com apenas alguns líderes com dez minas e outro punhado de líderes com cinco minas, podemos tomar dezenas, centenas, até mesmo milhares de cidades para Cristo.

Na parábola dos empresários, está muito claro que Jesus se dirige aos homens de negócios porque Ele quer abençoar os seus negócios, Ele quer ajudá-los a ganhar dinheiro, e Ele quer dar-lhes autoridade. Mas também é claro nas Escrituras que Ele quer lhes ajudar, para que mudem o status dos pobres. Aos líderes empresariais que atenderem ao chamado, Deus vai lançar seu plano estratégico para impactar as cidades.

O plano de Deus está ligado à autoridade que Ele vai dar a você. Deus não está olhando para a nossa capacidade. Ele está se concentrando na autoridade que Ele lhe deu:

*"O Senhor não vê como o homem: o homem vê a aparência, mas o Senhor vê o coração"(1 Sam 16:7).*

*"Jesus disse aos seus discípulos: Eis que Lhes dou a autoridade ... sobre todo o poder do inimigo" (Lucas 10:19)*

*'Nada é impossível para você que acredita' (Marcos 9:23).*

Aqueles que andam na autoridade de Deus vão liderar o próximo renascimento no mercado de trabalho. Haverá sempre aqueles que fazem mais dinheiro do que você faz, e sempre haverá aqueles que têm mais capacidade, mas quando você andar com a autoridade de Deus, nada poderá detê-lo.

Quando Deus diz: "Isto é o que eu quero que você faça", Ele coloca Sua unção em você. Quando Ele te chama, Ele lhe dá a Sua autoridade. Ele tira a sua incapacidade e a substitui com a capacidade Dele. Ele tira o que você não pode fazer, e substitui pelo que Ele pode fazer. E você se torna realmente muito mais eficaz. Ele trará a realidade o cumprimento de Seu plano. Você tem ideia do que o Senhor tem em mente para o seu negócio? É algo tão grande que irá impactar cidades inteiras. Creia.

## O Papel Dos Reis

O mercado está no centro da sociedade, e qualquer esforço para chegar as cidades deve incluir o Ministério do mercado de trabalho. Deus está trabalhando neste momento para unir reis e sacerdotes interessados em ver suas cidades impactadas para Cristo.

E antes mesmo de pedir a Deus por ti, saiba que Ele já deixou todas as instruções para tudo o que você precisa, e muito mais e melhor do que você possa imaginar. E se quer prosperar em seus negócios e tudo que faz, leia em **Isaías 58:1-14**, onde vale mais do que uma reflexão ponderada do texto, senão que seja pregado na parede do seu escritório e do seu negócio.

Deus quer que acabemos com a impiedade, com todo o jugo, e que libertemos os oprimidos. Entenda–se acabar com impiedade, acabar com toda a maldade ou falta de zelo com a coisa divina. Sobre acabar com todo o jugo, é acabar a submissão por meio da violência. E libertar os oprimidos é acabar com os sofrimentos dos aflitos, dos carentes, dos humilhados e constrangidos.

Quer também que repartamos nosso pão com os famintos, que recebamos em casa os pobres abandonados, que vistamos o nu e não viremos o rosto aos desprovidos de nenhuma natureza, como o que não queremos para nós.

Aí sim, nossa vida se iluminará, nossas curas brotarão, a justiça irá adiante de nós e a glória do Senhor será nossa retaguarda. Ai então, clamaremos e Ele nos responderá, gritarás e Ele dirá: Eis-me aqui, se tirarmos do meio de nós todo jugo, o estender de dedo e o falar iníquo, injúria, calúnia, difamação, injustiça, perversão, maldade.

*"..... e se abrires a tua alma ao faminto, e fartares a alma aflita; então a tua luz nascerá nas trevas, e a tua escuridão será como o meio-dia. E o Senhor te guiará continuamente, e fartará a tua alma em lugares áridos, e fortificará os teus ossos; e serás como um jardim regado, e como um manancial, cujas águas nunca faltam.*

> *E os que de ti procederem edificarão as antigas ruínas; e levantarás os fundamentos de geração em geração; e chamar-te-ão reparador das roturas (consertador das coisas estragadas, solucionador dos problemas mais complexos) , e restaurador de veredas para morar (aquele que restaura os lugares aprazíveis e em paz para se viver..........então te deleitarás no Senhor, e te farei cavalgar sobre as alturas da terra, e te sustentarei com a herança de teu pai Jacó; porque a boca do Senhor o disse"* **(Isaías 58:1-14).**

Muitas vezes passamos desapercebidos por essas diretrizes claras do Senhor quanto aos alvos e objetivos de nossas vidas e de nossos negócios. Deus sabe demais o que faz, como faz e para que faz. O dia em que todos os homens agirem como Deus pede, a vida na terra será o paraíso, a preocupação e dedicação de todos por todos, o cumprimento do maior mandamento de amarmos uns aos outros como a nós mesmos, construirá uma terra sem dor e sem tristeza, uma nova e perfeita sociedade que Deus chamara de Paraíso.

E no intuito de nos organizarmos, para preparar a formação e capacitação destes reis, estes agentes de transformação efetiva, que carregam as vitórias das benções dos Reino de Deus para todos os que ainda não foram alcançados, segue a lista de alvos e objetivos principais da igreja, dos cristãos, de suas profissões, negócios e empresas, colhidos entre diversos líderes renomados do Mercado de Trabalho. E eles englobam as seguintes áreas especificas, que são as áreas da Justiça, a Social e a Pessoal, e que podem ser a base de um pretenso "Estatuto do Ministro de Mercado de Trabalho".

Dois alvos, de Direito e Social, que podem ser resumidos em

"não virarmos o rosto aos desprovidos de nenhuma natureza", a respeito de tudo o que não queremos para nós. Alvos de justiça e social como erradicar toda impiedade, jugo e opressão como a maldade, a falta de zelo com Deus, a submissão por meio de violência, a aflição, carência, humilhação e constrangimento, além de alimentar, abrigar e vestir todos os pobres.

Alvos e objetivos que deveriam ser de responsabilidade dos Estados, mas que como na história de todas as nações estes são quesitos que sempre deixaram muito a desejar, Deus providenciou para que esta seja uma atribuição do cristão, a mesma atribuição que te alcançou, te libertou e te deu Paz que excede todo entendimento e que agora você deseja para os que você ama, principalmente para os nossos inimigos, nosso maior e mais difícil alvo.

Temos todas as atribuições, armas e poder para ganhar essa guerra que já está vencida, a questão agora é apenas tomar posse dessa vitória.

E antes que algum desinformado possa pensar que isso não seja a essência do evangelho de Cristo, saibam que as ações em prol destes desprovidos, os sensibilizará poderosamente para receberem a Cristo e Sua salvação em suas vidas. E que com o poder e capacidade que emana de Deus nos reis, estes desprovidos serão edificados como em Samuel 22, onde Deus forjou o exército de Davi na caverna de Adulão, transformando os mais desprovidos dos homens, como endividados, em aperto e desgostosos, no melhor e mais fiel exército da época.

Da mesma forma hoje, e através dos reis do mercado de trabalho, estes famintos, pobres e oprimidos, levantarão a bandeira do grande avivamento do final dos tempos, do avivamento dos tempos conturbados da terra, pequena para tanta gente, nesses tempos de desesperança, falta de rumo e falta de liderança das nações.

Precisamos nos humilhar e orarmos a Deus, buscarmos a face do Senhor, e nos convertermos dos nossos maus caminhos (2 Crônicas 7:14), nos purificando, nos santificando e transformando nossos corações em relação aos nossos ministros reis, apoiando, capacitando e enviando-os, atitude com base bíblica para a expansão da igreja, e produção de sinais e maravilhas (Atos 6) em favor de todos.

Estatuto Do Ministro De Marcado

1 - Erradicar toda Impiedade, Jugo e Opressão

2 - Alimentar, abrigar e vestir o pobre

3 - Sermos humildes e orarmos

4 - Nos reconciliarmos com o Mercado de Trabalho

5 – Preservar-nos nas áreas moral, sexual, das posses e do poder das posições.

6 – Dominar a Lei do Senhor

Há uma mensagem simples e direta neste chamado e Ministério. Deus está preocupado com que seus reis cuidem dos feridos, oprimidos e das pessoas marginalizadas de nossas cidades. O povo sofrendo precisar da ajuda dos reis. Este é um Ministério onde Deus unge e capacita os reis, para ter sucesso em suas atividades profissionais, para que tenham recursos e paz para trabalhar naquilo que Ele Deus quer que trabalhemos, por seu povo.

Em Atos capítulo 6, os apóstolos deixam claro que não é bom que deixem o Ministério de oração e pregação para se dedicarem a administração assistencial das viúvas. Para isso convocaram os empresários. Muito do trabalho assistencial é feito por sacerdotes, que não dispõe de muitos recursos e estes supõem que os reis devam supri-los nesta ajuda, o que tem acontecido, mas que não é o ideal. É tempo dos reis assumirem integralmente esta liderança, levando junto o evangelho da salvação, são os reis que vão expandir as fronteiras do Reino e conquistar mais terras e povos. E estes então encherão as igrejas.

Os reis devem e precisam continuar apoiando os sacerdotes em tudo e trazendo provisão, mas estes reis precisam compreender que este não é o seu principal papel neste atual mover de Deus.

Quando observamos as instruções dadas por Deus na Bíblia aos seus reis, notamos que temos orientações especiais sobre a "Justiça" que deve ser praticada pelos "Reis". Elas estão no Livro de Jeremias, de Ezequiel, em 2 Crónicas, em 1 Reis, no Livro de Jonas e dizem:

*"Ouve esta palavra do Senhor, ó rei de Judá: Exercei o juízo e a justiça, e livrai o espoliado da mão do opressor; e não oprimais ao estrangeiro, nem ao órfão, nem à viúva; não façais violência, nem derrameis sangue inocente neste lugar"*............

............*"ai daquele que edifica a sua casa com injustiça, e os seus aposentos sem direito, que se serve do serviço do seu próximo sem remunerá-lo, e não lhe dá o salário do seu trabalho"*...............

............*"porque, se vocês tiverem o cuidado de cumprir essas ordens, então os reis que se assentarem no trono de Davi entrarão pelas portas deste palácio em carruagens e cavalos, em companhia de seus conselheiros e de seu povo. Mas se vocês desobedecerem a essas ordens, declara o Senhor, juro por mim mesmo que este palácio ficará deserto"* *(Jeremias 22:1-65)*.

*"Assim diz o Soberano Senhor: Vocês já foram muito longe, ó príncipes de Israel! Abandonem a violência e a opressão e façam o que é justo e direito. Parem de apossar-se do que é do meu povo, palavra do Soberano Senhor. Usem balanças honestas, arroba honesta e pote honesto"* *(Ezequiel 45:9-10)*.

*"Bendito seja o Senhor, o teu Deus, que se agradou de ti e te colocou no trono Dele para reinar pelo Senhor, pelo teu Deus. Por causa do amor de teu Deus para com Israel e do seu desejo de preservá-lo para sempre, Ele te fez rei, para manter a justiça e a retidão" (2 Crônicas 9:8).*

*"Bendito seja o Senhor, o teu Deus, que se agradou de ti e te colocou no trono de Israel. Por causa do amor eterno do Senhor para com Israel, Ele te fez rei, para manter a justiça e a retidão" (1 Reis 10:9).*

O Senhor está dizendo que devemos remover a violência e parar de roubar o Seu povo. Deus está muito preocupado com honestidade e integridade, e está chamando para a excelência moral o caráter elevado nos reis. Na economia de Deus, o foco do objetivo não é o sucesso financeiro, mas a operação da justiça e remoção de toda a opressão. Quando Jonas foi a Nínive para proclamar o julgamento do Senhor naquela cidade, o rei gritou palavras de ordem para acabar com a violência e o mal (Jonas 3).

Na qualidade de reis a serviço de Deus hoje há muito que podemos fazer para aliviar a opressão no mundo, erradicar a pobreza, fazermos justiça com a discriminação. Muitas instituições não eclesiásticas como Organizações Não Governamentais (ONGs), muitas vezes nem mesmo cristãs, vem fazendo parte deste trabalho com excelência, eu mesmo como jornalista e advogado, nos meios de comunicação que atuo, em meu escritório de advocacia, venho denunciando abusos, injustiças, me posicionando, agindo e buscado atuar em todas as minhas práticas profissionais e trabalhistas, dentro dos princípios do Reino de Deus. Temos dado todo apoio aos necessitados, abandonados e esquecidos pela sociedade, além de levamos a todos, nossos dons, nossas orações, a palavra de Deus, amor e motivação.

Nós líderes profissionais e empresários não podemos achar que apenas financiar Ministérios de misericórdia seja o suficiente. Temos que arregaçar as mangas e participar do jogo, as oportunidades são inúmeras por toda a parte.

Diversas cidades, estados e nações ao redor do mundo já estão sendo alcançadas quando reis e sacerdotes unem suas forças, e neste novo mover de Deus, a ênfase é para o potencial dos reis.

Concluindo nas palavras de Rich Marshall: "Não haverá mudança no clima espiritual de nossas cidades, sem o envolvimento com as coisas que tocam o coração de Deus. Os reis devem envolver-se proativamente em parar vários tipos de abuso, alimentando os famintos, cuidando dos esquecidos, expondo e eliminando a opressão de forma generalizada".

## Reis, Uma Escolha De Deus

Outras instruções ainda tem o Senhor para seus Reis. Entre elas, de que somente Ele, escolherá os seus Reis (Deuteronômio 17), e estes não acumularão muitas riquezas para si e meditarão na Palavra do Senhor colocando-a em livro para que não se esqueçam de Seus mandamentos.

Como no Livro de 1 Samuel capitulo 16, quando o profeta unge somente a Davi como o escolhido do Senhor, entre tantos outros irmãos de melhor aparência, assim devem saber reis e sacerdotes, que não devem manipular, orquestrar, planejar, usar poder pessoal ou influência para escolher vossos reis, para que mantenham sua unção. Os reis devem ser do meio de ti, não devemos buscar reis de outras congregações ou igrejas, e estes têm que ser escolhidos pelo Senhor, não é uma eleição ou votação, é indicação exclusiva do Senhor. Oséias capitulo 8, fala da maldição das pessoas estabelecerem reis para si. Deus escolhe seus reis do meio de ti:

*"Porás certamente sobre ti como rei aquele que escolher o Senhor teu Deus; dentre teus irmãos porás rei sobre ti; não poderás pôr homem estranho sobre ti, que não seja de teus irmãos"* (Deuteronômio 17:15).

Conta-se que na maior congregação do mundo, em Seul na Coréia do Sul, do pastor Cho, um outro pastor visitante teria dito que, com o número de quase 100 milionários que a igreja tinha, ele também conseguiria construir uma igreja tão grande, ao que lhe foi respondido que, quando a igreja começou, não havia ninguém rico e todos ficaram milionários sob o Ministério do pastor Cho. Precisamos deixar Deus escolher os reis, e então temos de desenvolvê-los em tudo o que Deus tem para eles. Nossos pastores não precisam dos reis de outras congregações, Deus quer levantar os reis sob sua guarda.

Outra lição de Deuteronômio 17:16 fala sobre não multiplicar cavalos e não voltar ao Egito. Cavalos eram na época sinal de força e poder. O salmista diz que:

*"Uns confiam em carros e outros em cavalos, mas nós faremos menção ao nome do Senhor" (Salmo 20:7; 33:17).*

Os reis precisam saber que sua força e poder não está em suas posses. O Egito era o exército do mundo na época que tinha muitos cavalos. E o Egito é o voltar ao velho estilo de vida do mundo antes de conhecermos a Cristo. O fato é que não precisamos da força e do poder do mundo, para realizarmos tudo que Deus nos chamou para fazer hoje.

Sobre o dinheiro, sobre não "multiplicar muito ouro e prata", a Bíblia também diz:

*"Se as riquezas aumentam, não defina o seu coração sobre elas"* (Salmos 62:10).

Em vez disso, agradeça a Deus por elas, administre-as bem, tenha tudo que precisa mas somente aquilo, erradique a impiedade do mundo, dê assistência aos pobres, mantenha a sua confiança no Senhor e cumpra o seu chamado.

Ainda sobre não multiplicar esposas e não multiplicar muito ouro e muita prata para si, podemos entender como a grande lição sobre as maiores armadilhas que o inimigo costuma usar contra nós para nos derrubar: as meninas, o ouro e a glória, podem ser entendidas nos dias de hoje como os perigos do sexo, do dinheiro e do poder.

Deus nos orienta para nosso bem a preservarmos nossa pureza moral. Não podemos deixar que o poder e a posição nos corrompam, devemos possuir as coisas e não sermos possuídos por elas, e para isso precisamos ser excelentes administradores das coisas que Deus nos concede. Podemos e devemos ter tudo, mas não mais do que o necessário quando tantos carecem do mínimo.

Na qualidade de administradores das coisas do Senhor, poderemos errar, mas precisamos sempre, verdadeiramente nos arrepender e nos consertarmos assim que eventualmente isso venha a acontecer, para que como o rei Davi, não percamos a nossa unção real. Salomão se afastou de Deus por fraquezas sexuais com suas muitas esposas. Cuidado com seus relacionamentos nesta área, tanto para os casados, quanto para os solteiros, para que não percam a bênção de seus parceiros prometidos. Preservem-se puros para a grande bênção prometida pelo Senhor.

É muito importante preservar-nos nas áreas moral, sexual, das posses e do poder das posições, elas podem se tornar armadilhas colocadas em nosso caminho pelo inimigo. Lembrem-se que é preciso orar e vigiar todo tempo, fugindo do mal, nos alimentando da palavra.

## Servir A Deus Não É Opcional

Muitos de nós podem achar que cumprir um chamado do

Senhor seja opcional para nós. Não somos nós que escolhemos a Deus, mas é Ele que nos escolhe. Ele que nos encontra e nos acha para cumprirmos o Seu propósito. O texto claramente nos revela: "Achei a Davi". Substitua o nome de Davi pelo seu, e o fato ainda é inalterado, é Deus que nos acha!

Zaqueu pensava estar tentando achar Jesus do alto de uma árvore, no meio de uma multidão quando o próprio Jesus o chamou: "Desce Zaqueu, eu vou para sua casa!". Você percebe? Era Jesus que estava à procura de Zaqueu e não Zaqueu à procura de Jesus. Hoje esse fato se repete. Deus te encontrou! Você está lendo a mensagem do Ministério do Mercado porque Deus o achou, Deus quer você engajado nesta obra.

Mas quando Deus nos acha precisamos tomar a decisão entre o servir ou permanecermos apenas como expectadores da Sua palavra, precisamos decidir por uma vida de entrega a um relacionamento de intimidade com Deus ou permanecermos apenas como seus conhecidos.

Quando nos dispomos a sermos servos de Deus muitas coisas acontecem. Uma delas, conforme Jesus afirmou e João escreveu em seu livro:

*"Já não os chamo servos, porque o servo não sabe o que o seu senhor faz. Em vez disso, eu os tenho chamado amigos porque tudo o que ouvi de meu Pai eu lhes tornei conhecido" (João 15.15).*

Ou seja, quando decidimos servir verdadeiramente ao Senhor, passamos a ser na realidade, seus amigos, amigos de Deus, imagine, Jesus Deus nosso amigo. Ele não o vê apenas como um servo onde a relação se restringe a prestação de um serviço, mas há a relação de amizade onde tudo é compartilhado. Deus quer um relacionamento íntimo com você".

E quando Ele nos procura e nos escolhe, e se torna nosso amigo, Ele nos unge e capacita para cumprirmos o Seu propósito, para sermos tudo o que Ele planejou para nós, Ele nos dá força, recursos, Suas armas, Sua autoridade, estratégias, discernimento e orientação pessoal enquanto andarmos nos caminhos que Ele traçou para nós. Ele anda conosco no caminho e nos revela que Ele já esquadrinhou cada passo deste caminho a nossa frente.

E neste caminhar confirmamos ou descobrimos que fomos criados e comprados pelo mais alto preço para sermos Dele, o que nos dá segurança e paz inigualável para cumprimos nosso chamado.

## Dominar A Lei Do Senhor

No passado os livros eram raros, a Lei do Senhor passava de mão em mão, de pai para filho, e Deus deixa bem claro que ao rei, quando ocupasse seu trono, deveria fazer para si uma cópia das Escrituras, pessoalmente.

*"Será também que, quando se assentar sobre o trono do seu reino, então escreverá para si num livro, um traslado desta lei, do original*

*que está diante dos sacerdotes levitas, para o seu próprio uso. Trará sempre essa cópia consigo e terá que lê-la todos os dias da sua vida, para que aprenda a temer o Senhor, o seu Deus, e a cumprir fielmente todas as palavras desta lei, e todos estes decretos" (Deuteronômio 17:18-19).*

Os únicos que tinham a Lei eram os sacerdotes e quem quisesse uma cópia tinha que transcrevê-la pessoalmente.

Assim devemos proceder ainda hoje, neste Ministério real, é muito importante sabermos, que não podemos ficar dependentes apenas dos sacerdotes para nos alimentar da palavra. Somos capacitados para dominá-la, devemos, precisamos e temos que fazê-lo. É a grande arma desta guerra espiritual. Precisamos dominá-la com habilidade.

Como o versículo 19 diz:

*" ... ele deve lê-lo todos os dias de sua vida, para que aprenda a temer ao Senhor ...." " (Deuteronômio 17: 19).*

Ele vai tomar notas, ele vai ler a Palavra, e ele receberá orientação para si mesmo da parte de Deus.

Você líder profissional, empresário, homem ou mulher vai conhecer a Palavra de Deus por suas próprias mãos, porque você leu e lê, porque como líder vão te levar todo tipo de problema e dúvidas todos os dias e você terá a resposta na Palavra do Senhor, não porque te contaram, mais porque o Senhor falou com você pessoalmente, é uma experiência de poder essencial e única, sem a qual não será capaz de manter seu Ministério.

Se o rei aprender a temer ao Senhor, e mantiver suas palavras, seu coração não poderá se elevar acima de seus irmãos, o Senhor Deus quer fazer nascer humildade nos reis que não lhes permita colocar seus corações acima de outros:

*"Isso fará que ele não se considere superior aos seus irmãos israelitas e a não se desvie da lei, nem para a direita, nem para a esquerda. Assim prolongará o seu reinado sobre Israel, bem como o dos seus descendentes (Deuteronômio 17:20).*

*Tiago 3:16 diz: "Pois onde há inveja e ambição egoísta, aí há confusão e toda espécie de males".*

O orgulho se apodera de nós facilmente, mas as bênçãos por todas estas obediências são grandes. Os dias dele, do rei, e de seus filhos serão prolongados. Você e toda a sua família vão viver mais tempo, mais saudáveis, mais seguros. Você quer estas bênçãos para os seus filhos? Retenha a Palavra de Deus e a deixe guiar sua vida. Deus abençoará o seu Ministério real, vai abençoar seus filhos e vai multiplicar seus dias. Deus é tão claro quando diz:

*"Buscai primeiro o Reino de Deus e tudo isso vos será acrescentado" (Mateus 6:33, Lucas 12:31).*

Quando eu iniciei minha caminhada íntima com Deus e comecei estudar a Palavra, passei a ir a igreja sempre de caderno em punho, anotava tudo, levava para casa minhas observações para posterior meditação e assim gradativamente fui aumentando meu conhecimento, fiz cursos, seminários e invisto em minhas leituras. Conheci minha esposa na igreja e ela conta que um dos motivos que a fez se interessar por mim foi o fato de me ver sempre anotando tudo na igreja.

Conforme seguia neste caminho, muitos começaram a me perguntar se eu iria ser pastor um dia. Durante certo tempo isto foi algo que me incomodou porque ao mesmo tempo que sentia um amor gigantesco pela Palavra de Deus, por servir ao Senhor, por levar conforto e salvação para os meus semelhantes e todos que eu amava, eu apesar de já ter ponderado a ideia, nunca a tinha sentido com firmeza suficiente para abraçá-la, ou seja, ser pastor em tempo integral, nem parcial.

Pelo contrário, eu sempre tive uma certeza interior que Deus tinha algo para mim entre os meus, nas minhas atividades, na minha profissão. Sempre senti que minha vocação profissional era algo potencialmente forte vindo de Deus dentro de mim, que jamais poderia abrir mão disso. Sei que tenho talentos específicos, minha vida empresarial e acadêmica tem comprovado isso. Minhas atividades têm se revelado um campo muito mais amplo de alcance de vidas do que uma igreja por maior que seja.

Porém até eu conhecer o Ministério do Mercado de Trabalho, com toda sua base bíblica bem entendida pela minha razão e inteligência, o qual nenhum sacerdote no seu bom juízo até agora tentou contradizer, hoje posso falar que estou no caminho certo, que tenho o meu Ministério tão importante quanto qualquer outro, que domino a palavra como qualquer sacerdote, e hoje me sinto totalmente engajado na obra do Reino.

Cheguei ouvir de pastores com conhecimentos e práticas duvidosas, que eu não era ovelha e sim cabrito, porque não queria seguir o rumo natural que eles e suas instituições tinham traçado para seus obreiros voluntários. Não discordo do trabalho voluntário e fiz parte dele durante muitos anos, mas precisamos crescer em tudo que fazemos e nossos líderes espirituais precisam ter em mente isto.

Conhecer a base bíblica para o Ministério do Mercado de Trabalho é vivenciar um dos maiores, mais significativos e transformadores moveres de Deus na história da igreja, é a carta de alforria para agir em favor do Reino e deixar de continuar frustrado, sem espaço e sem ação, esquentando banco na igreja. Finalmente existe fundamento para fazer valer o que a maioria dos crentes sente em seus corações, que é ter seu Ministério efetivo e eficiente, ao mesmo tempo que se aperfeiçoa e se realiza profissionalmente na sua vocação.

Isto é o que está acontecendo em toda a terra neste instante. Deus está chamando reis para o Ministério do trabalho. Está na Bíblia que Ele nos fez reis e sacerdotes, temos dois chamados bíblicos distintos, um para cada um no Corpo de Cristo. A unção real para liderar negócios e vida profissional e a unção sacerdotal para liderar o trabalho na igreja e de missões, ambos trabalhando juntos para o Reino de Deus.

Jesus disse:

*"A colheita é grande, mas os trabalhadores são poucos, por isso peço ao Senhor da colheita que envie trabalhadores para a sua colheita"* (Lucas 10:2).

Mas o maior problema ainda é a falta de um paradigma para o Ministério do mercado de trabalho. Este é o maior desafio. Será que estamos com escassez de trabalhadores para a colheita? Ou será que temos muito trabalhadores não enviados? Estima-se que cerca de noventa por cento dos membros das igrejas não esteja alinhado em nenhum Ministério. Não há espaço para todos dentro da instituição da igreja.

Assim Deus quer que seja e é chegada a hora, da liberação deste contingente. Provavelmente o maior desafio desta mensagem seja o coração e os preconceitos eclesiásticos enraizados de muitos pastores, porque nem na doutrina, nem na teologia eles poderão se opor a esta tese bíblica revelada.

Pastores precisam entender que eles não perdem nada com isso, nem autoridade, nem membros, nem ovelhas, nem recursos, ao contrário, o cumprimento do chamado de Deus apenas aumentará o alcance do Reino, o contingente de seus exércitos, confirmando a autoridade tanto de reis quanto de sacerdotes.

Jesus simplesmente disse: "Orai, e o Senhor da colheita enviará os trabalhadores para a colheita". Os trabalhadores estão disponíveis, eles simplesmente não estão colhendo.

Quando continuamos a ensinar a partir do velho paradigma: "Vá para o Ministério", em vez do novo paradigma, "Você está no Ministério", apoiamos o problema mais do que a solução. Deus fala claramente em Sua Palavra: Um dos grandes sinais dos últimos dias será uma grande safra mundial.

Creio que um grande avivamento mundial pelo mercado de trabalho, tem todos os atributos para acontecer no mundo capitalista.

# Capítulo 5

# Preparando Os Reis

A história de Bezalel está no livro de Êxodo, capítulo 31. Trata-se de um homem cujo nome Bezalel significa na proteção de Deus. Sabemos pela Bíblia que quando Deus chama alguém dando nome, Ele coloca sua autoridade sobre ele para que se encaixe no Seu propósito. Foram os casos de Abraão para Abraão, Sarai para Sara, Jacó para Israel, e Saulo para Paulo.

Deus falara pessoalmente com Bezalel sobre ser um artesão e o tinha revelado também para Moisés (Êxodo 31:1-3). Deus tinha um propósito e iria protegê-lo, para cumprir seu destino que era ser trabalhador cheio do Espírito Santo nas artes criativas.

O propósito de Deus para Bezalel demonstra que Ele quando quer, pode inspirá-lo e pode derramar sobre ti uma unção especial para desenvolver qualquer tipo de habilidade profissional, recebendo pensamentos criativos, habilidades motoras e funções mentais do jeito que Ele queira para que você produza remédios, construa foguetes, crie músicas, desenvolva sistemas industriais ou de computação, enfim, Deus quer, pode e precisa de filhos funcionando em todas as funções da sociedade em desenvolvimento, seja em marketing, na construção, na política ou na mídia. Deus pode ungi-lo para o negócio que Ele te inspira a ser, que podem ser uma variedade de profissões e empreendimentos.

Pouco se prega sobre Bezalel, mas Deus o escolheu chamar pelo nome a fim de que ele pudesse trabalhar em todo lavor (Êxodo 31:5). A Bíblia não diz todo Ministério nem trabalho sacerdotal, mas diz que Deus o encheu com Seu Espírito a fim de que pudesse trabalhar bem suas mãos com ouro, prata, joias e madeira, na construção do templo, o que hoje seria usarmos nossas habilidades para qualquer trabalho que glorifique a Deus, esse é o propósito, engrandecer o Senhor pelos dons que Ele nos concede.

Podem ser habilidades para vendas, marketing, gerenciamento pessoal, advocacia, funcionalismo público, se você sente um forte e nítido chamado de Deus por uma determinada profissão, ou para montar um novo negócio, não estranhe, seu chamado para glorificar o nome Dele não é servindo em uma igreja como padre ou pastor, mas é para ser um ministro de Deus no mercado de trabalho, é para sua profissão ou negócio, serem o seu Ministério. Graças a Deus, por causa de Bezael, podemos ver que Ele nos chama para uma variedade de profissões.

Não precisamos mudar de profissão quando nos tornamos cristãos, não precisamos deixar nossos empregos ou pensar que fazer a obra de Deus seja apenas financiar e manter as obras do Reino, mas precisamos estar nas linhas de frente de toda a colheita do Reino de Deus.

Abraão obedeceu ao seu chamado pela fé (Hebreus 11:8), Moisés foi chamado para liderar um povo que o havia rejeitado (Números 12:03). Gideão questionou Deus quando Ele o escolheu para libertar seu povo (Juízes 6:12,11-16). Quando Deus chamou o profeta Amós este respondeu, que mesmo nunca tendo sido um profeta nem filho de profeta, pela vontade do Senhor, ele o seria (Amós 7:14-15). Deus não está buscando pessoas preparadas, Deus capacita os que Ele sabe que podem se tornar o que Ele deseja. Quando Deus te chama, Ele o faz porque sabe o que pode fazer com você.

Creio que Deus está agora mexendo na fé de alguns de vocês leitores para ajudá-los a obedecer. O Senhor está fazendo outra vez um novo chamado, e esse chamado é para você, tão certo como é para mim. O plano de Deus é para um avivamento de tão grandes proporções que todos irão ouvir as boas notícias de Jesus, e Ele vai derramar o Seu Espírito sobre toda a carne.

Para isso, precisamos de trabalhadores em todos os setores da sociedade, e é no mercado de trabalho onde a maioria das pessoas passa a maior parte do tempo.

# O Poder Da Obediência

*"Quem dera que eles tivessem tal coração que me temessem, e guardassem todos os meus mandamentos todos os dias, para que bem lhes fosse a eles e a seus filhos para sempre" (Deuteronômio 5:29).*

Diz a Palavra de Deus:

*"Quem é fiel no mínimo, também é fiel no muito; quem é injusto no mínimo, também é injusto no muito (Lucas 16:10).*

E a mesma passagem se confirma:

*"E o seu senhor lhe disse: Bem está, servo bom e fiel. Sobre o pouco foste fiel, sobre muito te colocarei; entra no gozo do teu senhor"* (Mateus 25:21).

Quando comecei a preparar este estudo sobre obediência, um dos temas abordados por praticamente todos os autores americanos sobre o Ministério do Mercado de Trabalho, percebi o sem número de testemunhos sobre empresários e profissionais que tiveram suas vidas financeira profundamente abençoadas quando responderam a este chamado especifico de Deus para servirem com seus negócios e profissões. De início, pensei em pular estes testemunhos para não parecer querer induzir cristãos a assumirem este Ministério com interesses monetários por trás.

O evangelho de Cristo fala das boas novas de salvação. Mostra-nos Jesus, o Salvador, que é Cristo, o Senhor. Fala-nos da remissão de pecados, da vida eterna, das glórias do céu, mas também existem muitas igrejas enganando as pessoas com falsas promessas de riqueza, tirando nossos olhos do porvir para criar uma expectativa de riquezas neste mundo. Muitos chamam isso de teologia da prosperidade. Em geral, os críticos desta teologia costumam ser pastores das igrejas cristãs tradicionais, e os que se utilizam destas práticas, muitos são de alguns setores de igrejas pentecostais ou neopentecostais. Ocorre que na minha caminhada de busca por conhecimento de Deus, passei por algumas igrejas de ambas as doutrinas, e digo que não se pode generalizar o que se diz sobre isto. Uma coisa é certa, no anúncio das boas novas do evangelho, a prioridade está no foco em Cristo e sua obra para nos salvar, e isso é inegociável, não se troca esta mensagem por apelos de milagres financeiros.

Mas não podemos esquecer também que quando aceitamos a Cristo como nosso salvador e ganhamos a vida eterna, todo o resto nos é acrescentado, e entre tudo isso, está a prosperidade. Mas precisamos lembrar que ela não cai do céu simplesmente, mas na forma de capacitação para o nosso trabalho diligente, sintonizado com o propósito de Deus, para que os milagres possam acontecer, mas sempre haverá muito trabalho, estudo, preparação, dedicação, disciplina, e muitas igrejas estão enganando o povo dizendo que basta você dar o dízimo e ofertar que Deus multiplicará por 100 o seu dinheiro. Fizeram de Deus uma loteria, um Deus aposta, e tem um monte de crente sentado na igreja enriquecendo pastores, sem trabalhar e jogando na loto para esperar seu milagre. Este milagre nunca vai vir porque não há enriquecimento sem muito trabalho e disciplina.

Por isso quando comecei a ver na literatura estrangeira sobre Ministério do mercado de trabalho, sobre tantos testemunhos a respeito da prosperidade nos negócios dos ministros de mercado, optei por não abordar o assunto para não induzir ninguém a querer servir a Deus com intenções de enriquecimento.

Mas um fato muito interessante ocorreu. Como disse, apesar de reconhecer a importância suprema da obra de Cristo na vida de todo cristão, quando senti no coração que não podia mais fugir da responsabilidade que Deus me cobrava de escrever este livro, e realmente tomei a iniciativa de começa-lo, grandes milagres financeiros começaram a ocorrer em minha vida. Como se Deus estivesse dizendo: "Escuta, você só precisa saber com dizer, porque só Eu e somente Eu prospero e enriqueço e meu povo precisa saber disso".

Bastou eu começar a escrever que logo nas primeiras semanas eles começaram. Passei a receber mais do que o dobro de pedidos de orçamentos para meus negócios, clientes começaram a surgir de lugares inimagináveis, soluções tecnológicas para nossos sistemas de trabalho surgiram inesperadamente, fazendo nossos empreendimentos adquirirem novas capacitações que antes pensava serem impossíveis pelos altos custos que agora surgiam praticamente de graça, e tudo isso só foi me dando a certeza de seguir adiante na vontade de Deus em realizar este trabalho que sabia ser de extrema importância para o obra do Reino de Deus. E percebi que Deus não queria que eu omitisse os testemunhos sobre prosperidade.

E as coisas não pararam por aí, eu iria perder horas narrando quantos pequenos detalhes com repercussões financeiras positivas ainda estão acontecendo durante a redação do livro. Mas dois valem mencionar. Depois de quase 20 anos com uma pendência tributária de uma outra empresa que tive e foi à falência, da noite para o dia, descobrimos na Secretaria da Receita Federal que ela havia simplesmente desaparecido, mesmo com todos os processos em andamento.

Nem mesmo a receita sabe explicar o que houve, dizem apenas que a dívida não consta mais, que sumiu de todo o sistema, e me forneceram inclusive um certificado negativo de débito. Um sonho verdadeiro, que nunca vi acontecer, que já tinha escutado falar na vida de alguns crentes mas que nunca imaginei que pudesse acontecer comigo. E não parou por ai, de lá para cá, abri uma nova empresa e já temos novas frentes de trabalho em andamento e novas fontes de renda, é incrível.

A única coisa que tenho feito para tudo isso acontecer está sendo priorizar o término deste livro e na sequência, conforme o Senhor já me mostrou, desenvolver um sistema de capacitação e treinamento para Ministros do Reino de Deus, e o resto sei que Ele fará, para que mais e mais pessoas sejam alcançadas pela salvação de Cristo e para que mais profissionais e empresários se capacitem para servir a Deus através de seus negócios e profissões.

A obediência nas pequenas coisas abre a porta para revelações mais profundas, e o privilégio de ser obediente em coisas maiores. Uma coisa que precisamos lembrar a respeito de Deus é que Ele sempre tem mais para nos conceder, mais revelação, mais paz, mais graça, mais recursos. Se vamos caminhar como reis no reino, então devemos aprender as lições dos reis da Bíblia. Quando os reis fizeram o que era bom e reto aos olhos do Senhor Deus, eles prosperaram, lembrando-se sempre que" "O Senhor está com você enquanto você estiver com Ele. Se você procurá-Lo, Ele será encontrado por você, mas se você abandoná-Lo, Ele abandonará você" (2 Crônicas 15:2).

O rei Saul nos ensina que desobedecer faz perder a unção

real, e o rei Davi nos mostra que devemos ser humildes na posição de rei. Mesmo sabendo ter sido ungido rei pelo Senhor, Davi não destituiu o rei Saul enquanto Deus não o tirou do poder. Mesmo que Davi soubesse que ele iria sentar-se no trono de Saul, seu coração agiu com amor e submissão. Este é o primeiro passo na preparação para o reinado. Se queres ser rei, aprenda a servir a visão de outro homem antes. Deixe sempre que Deus promova você. "Se você não tem sido fiel naquilo que é de outro homem, quem lhe dará o que é vosso?" (Lucas 16:12).

"Davi se comportou bem e foi bem sucedido em todos os seus caminhos, e o Senhor estava com ele "(1 Samuel 18:14). Saber que o Senhor te chamou como rei não lhe dá o direito de forçar seu caminho em posições de status ou de promoção. Deixe isso para o Senhor, e Ele sabe muito bem quando e como promover você. Davi mesmo ungido rei, não usurpou da posição do rei Saul que ainda ocupava a posição de rei, muito pelo contrário, Davi o serviu e mesmo depois de perseguido por Saul que passou a querer matá-lo, mesmo assim, mesmo tendo chances de matar Saul, não o fez, até que Deus abrisse caminho para que ele ocupasse o trono.

Romanos 13:1 nos ensina que todo aquele que tenha sido colocado em posição de autoridade foi lá colocado pelo Deus Todo-Poderoso. Tanto na igreja como na comunidade empresarial muitas pessoas têm agido exatamente ao oposto de Davi rejeitando e discordando de seus chefes ou líderes espirituais e no mundo dos negócios muitos deixam a empresa na hora errada, com o motivo errado, e com o propósito errado. Estamos em processo de formação aqui. Estamos em treinamento para a realeza, e Davi é nosso melhor exemplo disponível.

Como você está se preparando para a realeza? Talvez Deus já tenho lhe confirmado sua posição real e apenas você o saiba. Quando você começar a reinar, se o orgulho chegar, Deus vai usar a vida de Davi para ministrar em sua vida. Davi foi o rei mais impressionante, modelo para todos os outros reis bíblicos, mesmo quando Davi erra, seu quebrantamento, arrependimento e conserto são exemplares apesar das consequências. Tenhamos Davi como nosso exemplo para não errar onde ele errou. Se você não se sente capacitado, puro ou santo o suficiente para ocupar este cargo, peça a Deus a sua Graça que Ele é misericordioso e poderoso para o levar em vitória nesta missão. Receba seu cetro, capa e coroa real e assuma seu papel no Reino de Deus.

# O Diabo Não É Invenção De Walt Disney

*"Para que ao nome de Jesus se dobre todo o joelho dos que estão nos céus, e na terra, e debaixo da terra" (Filipenses 2:10).*

Levei trinta e oito anos da minha vida para cair a ficha de que o capeta do diabo de tridente não era uma invenção dos autores de Tom e Jerry, o famoso desenho de Hanna e Barbera, quando o malvado gato Tom, incorporava o demônio querendo matar o pobre rato Jerry. Sempre achei que diabo era invenção de desenho animado como Mickey ou Pluto, uma criação de Walt Disney ou algum desenhista de cartoons norte americano.

Eu estava certa vez em São Paulo visitando minha família, quando reunido na casa de um deles, chegou uma pessoa conhecida, porém problemática e atormentada, notória entre os que o conhecem por perder a cabeça fácil, ofender gratuitamente as pessoas e atribuir seus fracassos profissionais, pessoais e financeiros aos outros. Já viram alguém assim?

Neste dia eu estava de carona e muitas pessoas da turma reunida organizaram um encontro em um barzinho da capital onde fomos em dois ou três carros cheios de amigos e familiares. Chegando lá, notei que mais uma vez, como já havia acontecido antes em outras ocasiões, tal pessoa tinha olhares pouco amistosos até começar provocar as pessoas com indiretas que também eram para mim, incomodando todos, tentando estragar a noite de todo mundo, fazendo com que a turma resolvesse encerrar a noite mais cedo e ir embora. Coisa comum neste tipo de pessoa.

Aconteceu que na confusão da despedida geral, no estacionamento para pegar os carros, só sobrou um lugar para mim e para minha surpresa quando eu entrei no último banco da frente livre que sobrava, quem estava na direção deste carro era a tal pessoa. Tive quase a absoluta certeza que iria ter problemas mas mesmo assim, caí no erro de não pegar um táxi, entrando no carro apesar de tudo.

Ao começar a dirigir, esta pessoa, mais olhava para mim rindo do que prestava atenção no caminho a seguir. Algo como, se estando no comando da direção do carro onde eu estava, ele estaria no controle da minha vida, e da minha morte. Não é exagero. E foi quando numa larga avenida de São Paulo que não me recordo o nome, três pistas de descida e três de subida sem divisória no meio, paramos em um sinal na direção para baixo, na primeira fila do sinal, ou seja, quando o sinal ficou verde, saímos na frente do pelotão de carros descendo aquela longa e larga avenida.

Eram seis pistas, três para cada lado sem divisão entre elas, e quando saímos, as três pistas da esquerda estavam livres e lá em baixo, cerca de mais de quinhentos metros adiante, outro sinal de subida também tinha aberto e os carros vinham subindo acelerando cada vez mais, e esta pessoa no volante do carro, olhando o tempo todo para mim, rindo, invadiu as três pistas na direção contrária ao fluxo que vinha subindo, e acelerando e me olhando rindo disse: "agora vamos ver quem acaba com quem".

Quando percebi a gravidade da situação, e sei que foi o Espírito Santo quem me deu tal inspiração, pensei e agi da seguinte forma nos cinco segundos seguintes.

Por meu conhecimento da Palavra de Deus, já tinha conhecimento do diabo, já sabia que não era uma invenção de Walt Disney, e conhecia a incorporação que ele faz no corpo de certas pessoas que não conhecem a Deus. Percebi que se tratava disso, só podia ser isso, e esse diabo sabia que eu era um servo do Senhor e estava usando esta pessoa para destruir todos nos naquele carro incluindo eu.

Enquanto ele acelerava o carro sem olhar para a frente indo em direção da massa de carros que aceleravam no sentido contrário subindo a avenida, aproveitei que ele insistia em olhar para mim, e olhando fixamente em seus olhos disse de forma decidida: "Escuta aqui demônio, eu não estou mais falando com fulano de tal (para não citar o nome), estou falando com você demônio que está dentro dessa pessoa. Pare este carro agora! Em nome do Senhor Jesus". E para minha surpresa e de todos que estavam no carro, provavelmente quem estava no banco de trás não tivesse ainda percebido o que estava acontecendo, mas quando falei: "Pare este carro em nome de Jesus!", este cidadão de riso escancarado, fez uma cara de apavorado e além de enfiar o pé no freio com toda a força ainda puxava até em cima o freio de mão fazendo o carro arrastar muitos metros até atravessar toda a pista e parar batendo no meio fio contrário.

O carro arrastou pneus com as quatro rodas travadas até bater no meio fio do outro lado da avenida, e assim que bateu, ele abriu a porta, abandonou o carro rolando pelo chão, levantou-se e ficou colado em um muro alto que tinha naquela calçada com os braços abertos em forma de cruz, olhos esbugalhados e completamente apavorado. Ninguém entendeu nada. Os carros passaram desviando e buzinando, eu assumi a direção e sai imediatamente do local, e ficou apenas a cena da pessoa colada no muro com os braços abertos em cruz. Eu não sabia na ocasião o que fazer além disso.

Apesar de ter tentado em vão explicar o ocorrido para os envolvidos e descrentes do carro, soube depois que a pessoa negou tudo e que não se lembrava como tinha saído do bar.

O Poder Do Nome De Jesus

Outro incidente, foi quando me tornei frequentador da Igreja Sara Nossa Terra, uma igreja que tem como política, a expansão de seus membros através de reuniões chamadas de células nas casas das pessoas. Nesta ocasião em já conhecia esta estratégia do diabo mas não sabia ainda como funcionava exatamente. Tinha conhecimento de que o nome de Jesus tinha poder para expulsar demônios, mas achava que estas coisas nunca iriam acontecer comigo.

Ocorreu que nesta ocasião, eu morava solteiro no bairro do Leblon em um apartamento enorme e resolvi ceder o imóvel para estas tais reuniões, desde que mandassem um líder para organizá-la. Me lembro que nesta época eu mal sabia orar, mal sabia que eu podia falar com Deus e que Ele realmente me escutava. Um belo dia, na quinta ou sexta reunião a líder resolveu faltar, e soube depois, que foi de forma proposital para que eu me acostumasse a ser líder e assumisse a reunião sozinho. Lamentável forma de treinar alguém sem avisar. Eu ligava para ela e ela dizia que estava atrasada mais ia chegar, que eu fosse começando.

Depois de meia hora de atraso, a sala cheia com umas dez pessoas, comecei aquela reunião com fé e total incompetência. Pedi que todos dessem as mãos para uma oração de olhos fechados, onde eu pedia a Deus a orientação para aquela reunião, que Ele abençoasse as pessoas, etc. Neste interim, uma mulher que estava ao meu lado, começou a se contorcer, literalmente se contorcendo mas ainda de mãos dadas conosco. Abri meus olhos duas vezes para ver o que acontecia e resolvi orar por isso, mas errei a oração. Vocês já viram alguém errar uma oração, vocês já viram alguém ser batizado três vezes e aceitar Jesus cinco vezes? Pois eu errei a oração, me batizei três vezes e aceitei Jesus cinco. Nunca tinham me explicado que eu não podia.

Mas errei a oração pelo seguinte motivo, e as consequências foram imediatas e impactantes, e tem gente que diz que Deus demora para responder oração. A tal mulher estava se contorcendo, atrapalhando a minha oração principal, e resolvi emendar minha palavras com a seguinte frase para Deus: "Se existe aqui alguma coisa que esteja tentando atrapalhar esta reunião, que saia daqui agora, ou que o Senhor intercedesse naquele momento, mas por algum motivo, sem prática nenhuma nisso, eu orando já nervoso com minha inexperiência em alto e bom tom, errei a frase e em vez de dizer que o que estivesse atrapalhando saísse dali agora, eu disse, que se manifestasse ali agora. Pra que? Pra que eu fui falar aquilo?

Meus amigos, foi eu terminar de dizer a frase e a tal mulher levantou seus braços tipo um urso que fosse atacar, e deu um grito com som de rosnado, um urro, berro ou seja o que for, algo que creio nunca ter ouvido ao vivo antes.

Resumo da história, era uma sala grande e vazia de móveis, estávamos todos reunidos no centro de mãos dadas. Em frente a ela tinha duas meninas de cabelos lisos e um cara, todos crus em experiências desse tipo. Pois pasmem, isso eu vi com meus próprios olhos: as duas meninas, foram projetadas a uns três ou quatro metros para trás indo bater na parede de costas, quando pararam, vi algo que pensava só existir em filme de terror de Hollywood com efeitos especiais.

Os cabelos lisos delas estavam em pé, esticados para cima de pavor, talvez uma espécie de choque elétrico, não sei. Os dois homens rodavam a sala sem entender o que estava acontecendo, sem saber o que fazer e outras duas mulheres com uma certa experiência na fé, oravam sem cessar pedindo para que Deus as ajudasse mas em nenhum momento pediam para Deus parar o demônio.

No mesmo momento eu percebi a besteira que tinha feito, percebi que ao falar errado para o que quer que fosse se manifestasse em nome de Jesus, ele, o diabo, obedeceu imediatamente. E para reverter a trapalhada, somente outra ordem, uma contra ordem em nome de Jesus resolveria. Foi quando disse bem alto: "demônio, em nome de Jesus fica quieto agora". E para supressa geral, outra vez, a mulher endemoniada, caiu ajoelhada respirando forte, bufando, ainda possuída pelo demônio, mas ele obedeceu e ficou quieto. Daí em diante, eu não sabia mais o que fazer no meio daquela confusão, mulheres histéricas chorando de pavor, homens sem direção e somente eu com o nome de Jesus para controlar as coisas. Não lembrei de expulsar o demônio, não sabia que podia, nem o que exatamente dizer.

Ligamos para a irresponsável da líder da célula que diante dos fatos chegou rápido, e mesmo assim não expulsou o demônio da mulher. Ele apenas silenciou dentro dela e a mulher voltou a falar normal sem lembrar absolutamente de nada que tinha acontecido, mas com certeza, o bicho ia voltar a se manifestar novamente naquela vida, ele tinha poder sobre ela, ou seja, ela não tinha Jesus, não tinha o Espíritos Santo, por isso o demônio tinha poder sobre ela.

Essas coisas e outras que vivenciei, serviram apenas para fortalecer a minha fé, serviram para me mostrar a importância e a dependência de Cristo para tudo em nossas vidas. Nem sempre saberemos quando será ou não atribuído ao demônio certos eventos em nossas vidas. Mas de uma coisa hoje estou certo, que quanto mais Jesus e o Espírito Santo você tiver dentro de você, mais longe esse demônio vai passar de ti. Conta a Bíblia que até a sombra de Pedro curava os enfermos.

Sei também que pessoas possuídas do demônio não olham nos olhos daqueles que tem o Espírito Santo, é impressionante. Quando encontrar alguém suspeito de estar possuído, faça o teste e não tema, esteja apenas santo, puro, em oração e pronto para usar o nome de Jesus para qualquer emergência.

Só não faça como aquele pastor que tentou exorcizar o demônio violento em uma pessoa, estando ele em pecado. O diabo, através do corpo de quem possuía, lhe deu uma surra que quase matou o pastor.

*"Porque as armas da nossa milícia não são carnais, mas sim poderosas em Deus para destruição das fortalezas" (2 Coríntios 10:4).*

A nossa batalha é espiritual, isto é uma realidade inegável. O apóstolo Paulo fala sobre luta espiritual em Efésios 6.10-20. Fala que nossa luta não é contra carne e sangue, que nossa batalha não é contra pessoas, mas contra seres espirituais malignos. Fala que precisamos ser revestidos de poder e também que precisamos usar toda a armadura de Deus.

Nessa luta não podemos subestimar o inimigo nem tão pouco superestimá-lo. Precisamos ficar atentos contra as ciladas do diabo e usar nossas armas espirituais, poderosas em Deus para destruir fortalezas e anular sofismas. Negar a realidade dessa batalha é ser uma vítima indefesa nela. Revestir-se com o poder de Deus e usar as ferramentas que Deus coloca à nossa disposição para viver sempre em vitória nesta batalha.

## Primícias E Bênçãos, Armas De Destruição Em Massa

Entre as armas poderosas de nossa guerra espiritual, encontra-se uma extremamente eficiente mas pouco falada e explorada, e que pouca gente sabe que tem. Deus disponibiliza um vasto e poderoso arsenal de guerra a favor dos reis mas que não tem sido devidamente colocado à disposição deles. E uma dessas poderosas armas são as primícias.

Erroneamente alguns acham que este seja um princípio exclusivo do Antigo Testamento mas o Novo Testamente em 1 Coríntios 15:20 o confirma, utilizando até mesmo a ressurreição de Cristo como exemplo de primícias. Se Jesus ressuscitou, então nós também podemos ressuscitar e assim o seremos para a vida eterna pelo poder de Deus. A ressurreição de Cristo é a primícia do que está para acontecer conosco.

Ainda no Novo Testamento, Paulo além de confirmar as primícias como santas, diz que elas afetam todo o resto. O ensino das primícias é para a igreja nos dias de hoje.

Se levarmos as primícias para o contexto dos negócios, se aplicarmos o princípio das primícias no dia a dia de nossas empresas, estaremos trazendo também, além de maior destruição para o sistema do mal no mundo, também o fato de que o mal não poderá tocar em nada disso, em nenhum dos nossos negócios e projetos.

*"Se as primícias são santas, também a massa o é; se a raiz é santa, também os ramos o são" (Romanos 11:16).*

Ainda sobre este aprendizado, precisamos estar cientes também de que a não obediência a Deus a este princípio, traz maldição como podemos ver em Josué 6, onde os homens deveriam guardar todos os despojos para o Senhor.

Quanto poder tem as primícias nas mãos dos líderes de negócios. Quando Deus dá uma primícia, é muito importante que seja utilizada da maneira correta. Corretamente usada, estas primícias tem o poder de destruir a obra do inimigo. Inadequadamente utilizados, ou seja, mantidos nas mãos do indivíduo, as primícias vão trazer destruição sobre a sua empresa ou família.

O que são primícias exatamente? Em Jericó foi o ouro e a prata a partir da primeira cidade que os israelitas recuperaram para Deus. Se ela fosse santificada, todo o resto também seria santificado. Mas a partir do momento que um homem não obedeceu ao comando de Deus, a "maldição" veio sobre os israelitas, e eles foram derrotados.

Na Bíblia, o animal primogênito era para ser considerado uma primícia (ver Êxodo 13:12; Números 3:12). Os reis de hoje devem perguntar ao Senhor sobre primícias, e obter Sua direção nas coisas específicas que possam ser considerados como tal. Elas podem ser um primeiro salário ou comissão vitalícia, a primeira renda de um aluguel ou de um direito autoral por exemplo.

A primícia não se confunde com o dízimo. O dízimo é a décima parte, ou seja, a última do todo de dez. A primícia é o primeiro pagamento, o primeiro cheque, o primeiro bezerro. Precisamos ser fiéis ao Senhor nas primícias e nos dízimos, aí então estaremos prontos para a batalha do Mercado de Trabalho, mesmo que está até agora não tivesse sido feita. Agora você pode usar as poderosas armas de Deus para a honra e glória do Senhor.

O fato é que elas têm poder de destruir a obra do inimigo, proteger o fruto de nosso trabalho e se estas armas forem usadas da forma adequada no contexto administrativo, Deus terá seu caminho pavimentado no Mercado de Trabalho. As primícias têm um grande papel no que Deus quer fazer através de sua vida no Mercado de Trabalho. As primícias não são apenas as primeiras, mas também são as melhores ofertas para Deus. Não devemos tocar nelas pois elas estão separadas para a destruição das forças do inimigo sobre nossas vidas, nossos projetos e nosso trabalho.

E aqui se cumpre um grande plano de Deus. As primícias devem ser entregues aos sacerdotes para que a ordem bíblica se cumpra. Quando Deus abençoa um rei com uma primícia e esta é entregue ao sacerdote, se cumpre a vontade do Senhor em unir ambos, reis e sacerdotes nas vitórias contra a opressão das forças do mal.

Isto abre caminho para Deus abençoar suas finanças, trazendo prosperidade e vitória contra a pobreza. É hora dos reis assumirem seus papéis na sociedade libertando os pobres da opressão, dando-lhes emprego, ensinando-os seu próprio valor, fazendo-os produtivos e valorosos para também multiplicarem mais riqueza sobre mais homens e mulheres sobre toda a terra, conforme a vontade do Senhor. Está nas mãos dos reis a mudança de nossa sociedade, o que inclui inclusive, a salvação do meio ambiente.

## O Inimigo Corre Só Destas Armas

A outra arma poderosa de destruição em massa do inimigo é a bênção. Deus não quer que destruamos as pessoas, elas são vítimas do inimigo como nós já fomos um dia e sabiamente muitos crentes oraram por nós, nos ajudando a estarmos libertos do mal hoje. Quando eu fui parar na igreja e aceitei Jesus em minha vida de forma total aos 38 anos de idade, fui levado por minha empregada a Ele, que era crente dedicada e orava por mim a anos dentro da minha casa sem eu saber.

Precisamos agir como quando Jesus enviou os 70 servos como cordeiros no meio de lobos para libertar oprimidos e curar enfermos levando a salvação da vida eterna, em Lucas capitulo 10. Ele nos envia como aos 70 como ovelhas entre lobos, não nos dá armas para ferir ninguém, apenas armas espirituais para a destruição completa do inimigo, porque na verdade este inimigo já está derrotado, mas ele mente até a segunda e última volta de Jesus, quando então será totalmente e definitivamente derrotado. Hoje ele já está derrotado, foi derrotado na cruz, e o que precisamos fazer hoje é com a autoridade do nome de Jesus, declararmos esta vitória na vida de todos e sobre tudo.

A vida do cristão verdadeiro é para ser destemida, porque

temos autoridade para simplesmente irmos tomando posse das vitórias que Jesus já conquistou. Esta deve ser a nossa habilidade. Habilidade conquistada pelo conhecimento e manejo perfeito da Palavra de Deus, traduzida em um viver de atitudes santas e efetivas para o Reino de Deus e salvação de muitos.

Jesus nos diz em Lucas 6:28 para "bendizer os que nos amaldiçoam e orar pelos que nos caluniam. Muitas pessoas falam maldições sem mesmo pensar nas consequências do que estão dizendo. As palavras têm o poder da vida e da morte, de construir ou destruir, é uma de nossas mais poderosas armas (Provérbios 18:20). A maneira de destruir uma maldição é através bênção. Esta arma é quase completamente ignorada no mercado de trabalho e Deus a planejou também para o mundo dos negócios.

Os reis do mercado de trabalho precisam fazer uso da autoridade espiritual que Deus lhes concede, e nossos sacerdotes devem liberar, ensinar, treinar, equipar e ativar os membros do Corpo de Cristo que são chamados para ser ministros no mercado. Se tirarmos por base o que já ocorre nos países de língua inglesa a cerca de 25 anos, podemos dizer que os Ministérios de Mercado de Trabalho parecem ser a nova palavra de ordem do cristianismo.

Aparentemente, a notícia já está se espalhando sobre a terra para consciência da importância de tal preparação ministerial para este próximo avivamento.

As iniciativas educacionais voltadas especificamente para os Ministérios do Mercado de Trabalho têm considerado a diferença dos modelos tradicionais de educação e ordenação.

O novo método segue os padrões da educação contemporânea de adultos, não se baseando em educação de sala de aula típica, ela incorpora uma variedade de laboratórios e experiências práticas sem negar a importância da informação, mas notar que as informações serão fornecidas com o objetivo de transmitir habilidades e unção para o Ministério prático, sendo um componente-chave para alcançar cidades inteiras para Deus.

Ambos pastores e líderes empresariais tem mostrado grande interesse em encontrar ajuda para capacitar os que estão fora da organização das igrejas locais para atuarem neste Ministério. Seminários e Workshops tem sido promovidos entre empresários cristãos até mesmo nas empresas. A consciência cristã no meio empresarial tem promovido sinais e maravilhas em profissionais e empregados com consequência direta no ambiente corporativo, nas famílias dos funcionários e nos resultados financeiros dos empreendimentos.

Deus vem chamando e treinando estrategicamente líderes profissionais e empresariais, orientados e colocados em posições de influência na sociedade e não para os seus próprios fins, mas para o Dele. Líderes que sabem que há muito mais vida para além do negócio por si só. Sua empresa é o seu Ministério.

*"Portanto, quer comais quer bebais, ou o que quer que você faça, fazei tudo para a glória de Deus" (1 Coríntios. 10:31).*

O comércio mundial, precisa se desvincular da competitividade e colocar o foco em outros valores como a inovação, a parceria, o bem estar da humanidade e do planeta. Estes novos líderes reis do Reino de Deus, precisam demonstrar ajuda humanitária extravagante, impactar países em desenvolvimento abrindo portas para o evangelho, agindo de forma que o seu negócio seja o seu Ministério.

Deus vem tocando também pastores cujo foco tem sido a comunidade empresarial com seu potencial de influência. O princípio é o de focar todo o Corpo de Cristo como contingente desta guerra.

Prepare a sua igreja para ter foco nas cidades e no país, esteja pronto para quando o Senhor o chamar para essas mudanças de paradigma, elas têm um propósito. E é cumprir o mandato das Escrituras:

*"E Ele mesmo deu uns para apóstolos, outros para profetas, outros para evangelistas, e outros para pastores e mestres, para o aperfeiçoamento dos santos para a obra do Ministério ..." (Efésios 4:11-12).*

Precisamos focar no treinamento e capacitação deste contingente tão grande e inaproveitado. Empresários precisam aprender a integrar o seu cristianismo com o mercado. Toda a questão da vida segregada deve ser confrontada. Ética, integridade, caráter e princípios morais, todos precisam ser integrados ao mercado de trabalho. O secular e o sagrado não são categoria diferentes.

Pastores, não permitam que seus reis abandonem a igreja por falta de espaço para se sentirem realizados em todo o seu potencial.

Treine-os, capacite-os e os liberem para cumprirem seus mandatos no mercado de trabalho, e verão o mover de Deus como jamais viram antes.

## O Maior Exército Do Mundo Está Inativo Nas Igrejas

Além do sistema de castas nas igrejas, já mencionado anteriormente, a comunidade cristã mundial tem hoje, lotados em seus bancos, o maior exército da terra para combater definitivamente o mal na humanidade. São centenas e milhares de cristãos que sonham em ocupar púlpitos, e levar a mensagem do evangelho por toda a terra e estão subaproveitados por falta de visão e espaço para servirem no reino, por falta de orientação, treinamento e compromisso de sua liderança.

Existe um abismo, uma falta de habilidade e falta de conhecimento das lideranças cristãs das igrejas em saber tratar com a comunidade empresarial. A maioria dos membros da igreja sentados em seus bancos são pessoas de negócios e profissionais. Eles passam a maior parte de suas horas de vigília no trabalho. Imagine as oportunidades perdidas para o Ministério, porque o mundo dos negócios não é reconhecido como um "lugar de ênfase" para o Ministério acontecer.

A maior dificuldade sobre isso, além desta nova leitura bíblica revelada por Deus, sobre reis e sacerdotes, sobre o papel desses reis e sobre a nova percepção de tantos líderes empresariais bíblicos usados por Deus, desde o Antigo até o Novo Testamento, é a área cultural.

Sacerdotes são focados no ensino da palavra, empresários e profissionais nas estratégias de negócios, no lucro, na eficiência dos sistemas, na pesquisa e no desenvolvimento do comércio, das relações pessoais e comerciais.

Paralelamente, a igreja, de um modo geral, não costuma ter as formas de financiamento de suas atividades na mesma proporção e facilidades que o mundo corporativo, apesar dos descontos tributários, seus recursos, principalmente em comunidade carentes, são escassos. Mega igrejas são exceções.

Um bom pastor, por mais inteligente que seja, não pode realizar bem sua função pastoral e ainda querer se atualizar nas competências necessárias de um alto executivo empresarial. Alguma coisa ele vai deixar a desejar e quem vai sofrer será seu rebanho.

Somos mestres em criticar a administração eclesiástica de nossas congregações, sem procurar entender suas razões e dificuldades, porque fomos treinados para um mundo de negócios que se supera em eficiência. Devemos nos comedir nessa nossa frustração para recebermos o mais importante que é o ensino da Palavra de Deus e não acabarmos por atrapalhar a eficiência da igreja, seja ela em que nível for.

Devemos estreitar nosso relacionamento com pastores quando pudermos colaborar na ajuda que necessitam. Não adianta simplesmente criticarmos sem apontarmos soluções se não pudermos realmente dedicar nosso tempo de qualidade nesta colaboração à obra de Deus. Esta obra não é de homens.

Relacionamentos não costumam ser a área mais forte de experiência dos empresários, que costuma tratá-los de forma superficial em favor do lucro. Relacionamento é a especialidade da igreja. Relacionamento é o que Deus quer ter conosco, e nos ensinar a nos relacionarmos com intensidade e sinceridade com os outros, para que o Corpo de Cristo avance. Relacionamento para Deus é compreensão e companheirismo, tão necessários para o entendimento recíproco das duas culturas.

Precisamos verificar os motivos de nossos corações. Precisamos verificar se não estamos à procura de ganhos pessoais, poder, controle, ou se estamos totalmente esvaziados de nós mesmos para que o Senhor possa nos usar livremente. Existem empresários querendo controlar igrejas e pastores querendo apenas os recursos de seus empresários. Existem conselhos de igrejas querendo controlar até o que os pastores devem pregar e muitos pastores tem se colocado na defensiva face ao poder financeiro e controlador dos empresários.

Quem doa não tem direito de dizer o que fazer com o dinheiro, daí em diante é entre Deus e seu ungido para liderança da comunidade. O mesmo vale para a recusa em doar por não poder decidir sobre o rumo do seu dinheiro, ninguém tem este direito, o dinheiro não é de quem doa, mas uma devolução para seu único dono, Deus.

A Palavra diz:

*"Eu, o Senhor, esquadrinho o coração, eu testo a mente, e isto para dar a cada um segundo os seus caminhos e segundo o fruto das suas ações"* (Jeremias 17:10).

Devemos sempre fazer a oração de Davi diante do Senhor:

*"Sonda-me, ó Deus, e conhece o meu coração; prova-me e conhece os meus pensamentos, e veja se há algum caminho mau em mim, e guia-me pelo caminho eterno"* (Salmo 139:23-24).

Isto vale para ambos pastores e empresariado. Quantos empresários tem se magoado com a forma insistente e muitas vezes inoportuna de pastores na hora de angariar fundos, muitas vezes até com indiretas pessoais para líderes profissionais mais abastados.

Isto é uma afronta a capacidade criativa e de realização dos líderes de mercado que sabem que suas capacidades vão muito além de serem apenas financiadores da obra do Reino. Financiamento da obra do Reino é uma atribuição de todo cristão, da viúva pobre ao empresário rico.

Alguns empresários ocupam poderosas posições na sociedade e podem usar suas influências em nome do Reino de Deus. Quando a igreja começar a capacitar e enviar estes empresários para serem ministros de mercado, o Reino de Deus será muito diferente. Empresários precisam ser os pastores de seus empregados, orar por eles e ministrar em suas vidas. Profissionais precisam ser os pastores de seus colegas de trabalho.

Deus chama homens de negócios tanto quanto chama pastores ou missionários. Empresários são chamados para criar empregos, comércio e riqueza, não para uma vida de materialismo ou ganância.

Quando líderes espirituais e empresários conseguirem ser amigos sintonizados em parcerias duradouras, o Reino de Deus colherá resultados surpreendentes. Recursos imobilizados serão liberados, forças se multiplicarão em soluções de alcance coletivo dos povos e as pessoas envolvidas poderão ser tudo aquilo que Deus os projetou para ser, glorificando o nome do Senhor e alcançando milhares de vidas.

## A Razão Da Sua Vocação

*"De graça recebestes, de graça dai" (Mateus 10:8).*

Precisamos buscar à luz das Escrituras, como Deus utiliza indivíduos, cidades, grupos de pessoas, e até mesmo nações para realizar a Sua vontade. Por que, então, não poderia Ele usar um negócio? Líderes profissionais e empresariais precisam buscar em Deus o sentido espiritual de seus negócios.

Muitas pessoas enxergam seus negócios apenas como um meio para se atingir um fim, algo separado de Deus, apenas um meio de ganhar a vida para então poder servir a Deus, trazendo muitas vezes até, o sentimento de que os negócios atrapalham o serviço pleno ao Senhor.

Líderes tem responsabilidades espirituais com a vida de seus funcionários, Deus tem princípios de manejo dos negócios e cada empreendimento para Deus tem Seu propósito especifico e financeiro onde se incluem sempre a oração, a doação e o testemunho.

Primeira Timóteo nos instrui:

*"Por isso exorto, antes de tudo que se façam súplicas, orações, intercessões e ações de graças por todos os homens, pelos reis e por todos os que estão em posição de autoridade, para que tenhamos uma vida tranquila e sossegada, em toda piedade e respeito. Porque isto é bom e agradável diante de Deus nosso Salvador, o qual deseja que todos os homens sejam salvos e cheguem ao pleno conhecimento da verdade" (1 Timóteo 2:1-4).*

A oração é uma arma poderosa que tem dado certo em todos os ambientes, não seria diferente no empresarial.

Líderes empresariais precisam orar por e com seus funcionários "no mínimo" uma vez por mês, pessoalmente com eles, para que Deus os proteja e prospere, para que Deus proteja seus bens, vidas e relacionamentos. Em nossa empresa oramos inclusive pela concorrência. Primeira Timóteo 2:1 nos exorta a orar por todas as pessoas, e temos testemunhos incríveis de orações pela concorrência, que geraram parcerias extremamente frutíferas e lucrativas, para os nossos negócios e os deles, apenas para dar um exemplo. Estes líderes devem encorajar, reuniões de estudos bíblicos e orações periódicas independentes no escritório. Isto faz a fé dos envolvidos crescer.

Manter reuniões de células nas casas dos líderes para orarem pelo negócio, pela empresa, bem como para adorar e agradecer a Deus, oferecendo pedidos de oração por todos. Isto tem um poder tremendo sobre a vida e os negócios dos envolvidos uma vez que o inimigo não pode estar na presença dos clamores ao Senhor, nem interferir nas orações feitas.

São infinitas as bênçãos oriundas destas manifestações de fé nos negócios dedicados a Deus. Empresários tem tido as inspirações mais incríveis possíveis a favor do Reino, desde doações, da criação de departamentos exclusivos de ajuda sem fins lucrativos, ou a prestação de serviços para igrejas ou instituições de caridade ou Ministérios específicos, entre diversos outros em favor dos necessitados relacionados por Isaías 58.

Empresas que se tornarem modelo em práticas com princípios espirituais cristãos, gerarão salvação, curas, bênçãos e terão como consequência inevitável, o lucro financeiro.

## Missões Urbanas

Eu não nasci em lar evangélico e em minha família de origem, eu sou o único que hoje frequento igreja protestante. Quando resolvi cursar o seminário, me deparei com uma disciplina chamada "Missões Urbanas" ministrado no seminário pelo excelente professor e amigo querido Pastor José Roberto Prado.

Para mim, seguidor de Jesus com convicção somente após os 38 anos de idade, posso dizer que para quase todo ateu, a palavra missionária, tão comum entre as igrejas evangélicas, sempre foi algo pouco escutado. Fiquei fascinado pela história da vida de tantos missionários fantásticos que tomamos conhecimentos no movimento protestante. Eles evangelizaram a terra nos últimos séculos, desbravaram fronteiras inexploradas e deram suas vidas pelo Evangelho.

E por causa desta história do cristianismo, o termo missões nos remete as viagens pelo mundo feitas pelos missionários. Se formos em qualquer minúscula ilhota perdida no oceano pacifico que tenha algum ser humano, ali pisou um missionário, sendo a maioria deles americanos.

Por isso, quando ouvi falar pela primeira vez em "Missões Urbanas", o termo fez sentido para mim, porque hoje sabemos que a maioria da população do planeta está concentrada nas grandes cidades, ou seja, há muito mais tribos distintas e urbanas a se evangelizar nas cidades do que em qualquer outra região remota da terra.

Por isso a grande missão, só pode ser a de alcançarmos com as Boas Novas de Deus, tantas tribos urbanas que nunca tiveram contato com esta mensagem, mas esta missão nunca teve um resultado satisfatório por parte das igrejas. Sob este aspecto, o Ministério do Mercado de Trabalho faz todo o sentido, como uma nova estratégia de alcançarmos toda esta população urbana concentrada nas empresas, no comércio, nas escolas, universidades, academias, praças, etc.

Muitos de vocês que estejam tomando contato com esta mensagem pela primeira vez, precisam estar certos de que Deus os capacitará para esta missão. Se você tem o desejo em seu coração, Deus vai prepará-lo, vai te indicar o caminho a seguir. Se você é um destes reis, chegou o tempo da sua coroação. Ore ao Senhor por isso e aguarde Ele confirmar no seu coração.

O maior exército do Senhor são os 95% dos cristãos da terra, sentados nos bancos das igrejas que não encontravam onde servir ao Senhor e ao Reino de Deus, e agora estão sendo levantados para a próxima colheita com grande poder de eficiência. Um exército composto de todo o Corpo de Cristo, formado por líderes profissionais, homens e mulheres de negócios de todas as áreas. Deus está chamando seus reis neste momento.

*"As ovelhas ouvem a sua voz, e Ele chama as suas ovelhas pelo nome e as conduz para fora"* (João 10:3 b).

Deus está nos chamando, e somente aqueles que são realmente suas ovelhas, que vivem debaixo da sua proteção, que andam perto Dele, que sabem que Ele é a sua segurança, estes, saberão identificar se as palavras deste livro são provenientes do seu pastor, do seu Senhor, de Deus.

Se as palavras deste livro tocam o seu coração, se te fazem parar para pensar, você saberá que elas foram inspiradas pelo Espírito Santo de Deus para você.

A maioria de meus amigos são pastores ou pessoas muito atuantes na obra de Deus. Já fazem 18 anos que entreguei minha vida ao serviço do Reino de Deus, tentando compor minha profissão com a vontade de ser um bom servo.

Durante todos estes anos tenho percebido que meus anseios a respeito de servir ao Reino ao mesmo tempo que me dedico de forma integral ao meu trabalho, não são uma exclusividade minha, mas de muitos empresários com quem tenho contato. Algo como se a mensagem deste livro não fosse novidade, mas que ao mesmo tempo nunca havia sido contada em algum livro ou pregação, explicando tudo com clareza.

Mas, um novo dia está raiando na vida dos cristãos onde o Senhor está lançando no mercado de trabalho um exército de soldados que serão usados como ministros de primeira linha para a obra do Senhor, generais do exército do Senhor, da mais alta patente. Líderes que vão conduzir milhares de outros líderes a conduzirem mais outros, na vitoriosa batalha contra o mal. Nós temos as armas do Senhor disponíveis e somente nós as temos. Sim, nós podemos, yes we can!

Nós vamos inaugurar um mundo e um tempo diferente do que temos visto. Vamos ser os arautos do novo mover do Senhor, vamos liderar as fileiras desta guerra. Este é o grande avivamento do século XXI, um movimento onde Deus derrama seu Espírito sobre toda a carne para que seu mover seja infiltrado no exército inimigo e abale profundamente suas más intenções.

# Capítulo 6
# Ações Fundamentadas

*"Portanto, deixemos os ensinos elementares a respeito de Cristo e avancemos para a maturidade do nosso entendimento". (Hebreus 6:1)*

Os novos Ministros do Mercado de Trabalho precisam de treinamento específico, de confrontação pessoal pela Palavra de Deus, de serem desafiados e preparados para a missão. Precisam ser capacitados para isso e fazer do lugar que passam a maior parte do tempo de suas vidas, seus escritórios, em verdadeiras igrejas ambulantes a serviço do Reino sem comprometer a vida da empresa. Mas o tema não pode ser assimilado em uma pregação de uma ou duas horas. São necessários treinamentos presenciais mais demorados e em formatos específicos, e isto não acontecerá em sua plenitude sem a participação efetiva da igreja.

Deus diz:

*"Vocês não me escolheram, mas eu os escolhi para irem e darem*

*fruto, fruto que permaneça, a fim de que o Pai lhes conceda o que pedirem em meu nome"* (João 15:16).

Prepare-se, você não sabe o momento em que o Senhor irá impulsioná-los em direção ao cumprimento do seu sonho. Seja com que idade estiver, é hora de ler, estudar e preparar suas habilidades para o que Deus tem para você.

Roberto Marinho fundou a Rede Globo com 60 anos, dirigiu ela durante 36 anos. Abílio Diniz aos 76 vendeu o Grupo Pão de Açúcar para assumir o controle de uma das maiores empresas de alimentos do mundo, a BRF Sadia e tantos outros exemplos de grandes personalidades que atingiram o auge de sua produtividade na chamada terceira idade.

Sejam quais forem os novos caminhos que o Senhor tiver para você, sei que será de um futuro mais satisfatório para você e para a sua família.

## Um Mundo Novo

Imagine Ministros de Mercado de Trabalho, líderes empresários e profissionais infiltrados nas mais diversas esferas da sociedade, do capitalismo, do mundo, em indústrias, no comércio, professores em escolas e universidades, nas ruas, em instituições públicas, profissionais de comunicação e mídia formadores de opinião, disfarçados como sendo do mundo mas não pertencendo a ele, presentes no mundo mas com foco no Reino, fora das quatro paredes da igreja mas templos humanos do Espírito Santo, enxergando seu ambiente de trabalho, lazer ou estudo, como locais para tocar a vida de pessoas e tirá-las da monotonia da falta de esperança, da rotina da ausência de Deus, e das trevas.

## Trabalho, Benção Ou Maldição

Há uma tendência no mundo cristão de ver o trabalho como uma coisa ruim por conta da maldição de Deus contra o homem em Genesis 3:17-19. Mas estes mesmos cristãos esquecem ou desconhecem duas coisas. Realmente a maldição pela desobediência ocorreu como castigo, porém, em primeiro lugar, Deus fez o trabalho como algo extremamente bom de acordo com seu projeto original, como uma combinação maravilhosa de cooperação entre Ele, Deus, e os homens, para a administração da terra. Uma parceria maravilhosa e inspiradora cuja consciência irá revolucionar sua rotina semanal de trabalho de segunda a sexta.

Em segundo lugar, Jesus veio restituir em nossas vidas tudo que fora graciosamente planejado por Deus e fora perdido.

Veja que Jesus diz quando encontra Zaqueu:

*"Porque o Filho do Homem veio buscar e salvar o que estava perdido" (Lucas 19:10).*

Jesus não está dizendo "os que foram perdidos" ou "quem estava perdido", apesar de os estar buscando e salvando, mas Ele diz "o que estava perdido" intencionalmente, porque isto inclui todas as coisas que tinham sido perdidas por conta do pecado do homem e da mulher. Deus não planejou o trabalho para ser exaustivo, suado, nem uma labuta angustiante. Ele projetou o trabalho para que a humanidade O ajudasse a cuidar da terra. A tensão e o estresse sobre o trabalho é fruto deste pecado, mas não é mais para ser assim, porque Jesus veio para nos salvar também, entre tantas coisas além da salvação, da maldição sobre o trabalho.

Temos que abençoar o trabalho, quando focados no propósito de Deus, a realização profissional será completa e perfeita. Esta verdade é uma das que como cristãos Ministros de Mercado de Trabalho precisamos disseminar sobre a terra para libertação desta maldição sobre os homens: Trabalho é bênção, administrar os bens de Deus sobre a terra é privilégio, honra, alegria com a consequência da prosperidade.

Mas antes é mister compreendermos o plano de Deus, o sacrifício de Cristo com sua vida por nós, a quebra das maldições, a derrota estabelecida e sem volta do inimigo, para colhermos os frutos desta Paz, Alegria e Prosperidade Celestial. Precisamos lembrar os homens do paraíso do Jardim do Éden com seu ambiente de paz e que demonstra o desejo de Deus em abençoar a obra das nossas mãos. Quando falarmos de Jesus para as pessoas tentando convencê-los de colocar sua confiança Nele, precisamos lembrá-los de tudo que nos é restituído pelo sacrifício de Jesus, além da vida eterna. Precisamos falar a verdade completa para as pessoas sob pena de as mantermos em cativeiros e desperdiçando todo o sacrifício de Cristo por nós.

## O Método De Deus Para Transferência De Riqueza

Dois males assolaram o maior exército disponível de Deus sobre a terra até os dias de hoje. Agora estes males estão sendo destruídos definitivamente.

A impressão que se tem é que este exército esteve inativo tanto tempo por conta da vontade do Senhor, porque a força da revelação bíblica contida neste mover de Deus, parece mostrar que talvez seja a força reservada para o golpe fatal sobre o mal, na batalha do final dos tempos. Provavelmente, pode ser que estejamos chegando a consumação dos séculos, tamanha é a força deste mover revolucionário do Senhor, partindo de dentro do coração dos homens para fora, atingindo toda a sociedade com consequências devastadoras para o inimigo.

Segundo lugar é algo que parece também ter ficado se não oculto, muito mal explicado durante tanto tempo. Você já esteve em cultos de igrejas? Pouco antes do sermão o pastor, baseando em fartas citações bíblicas, demonstra o ensino de "primeiro se dar, para depois receber", "primeiro plantamos para depois colher". Entre as citações podemos mencionar Lucas 6:38 que promete que quando você der, os outros vão dar para você boa medida, recalcada, sacudida e transbordante. Porque foi Deus quem disse, podemos acreditar.

Então porque não acontece na vida de tantas pessoas? A resposta é que por não completarmos o ensino, explicando por outras diversas passagens bíblicas, que para receber precisamos também trabalhar para que sejamos abençoados, acabamos criando uma expectativa de resposta milagrosa dos céus que não funciona desta forma. Onde fica a realização pela alegria de se administrar a terra em parceria com Deus?

E com isso, milhares de fiéis estão sentados nos bancos das igrejas, muitos sem trabalhar ou pelo menos se esforçar para isso e não procuram mais crescer no trabalho que consideram uma maldição. E desta forma, muitos ficam sentados esperando ganhar na loteria. Sei disso porque já agi assim quando era menino na fé até entender exatamente como funcionavam as coisas, e lhes digo, a benção financeira é a menor delas no tanto de bênçãos que Deus tem para nos conceder, mas creia, a benção financeira vem, mas ela é opcional, você tem que fazer por merecer.

A Bíblia é clara em relação a intimidade da bênção com o trabalho. Jesus abençoa e incentiva os negócios. Em Lucas 19:13, ele é claro e objetivo: "Façam negócios até que eu volte". Em João 21:3-6, Jesus ao ver os apóstolos sem sucesso, diz: "Lançai a rede para o lado direito do barco, e achareis ".

Jesus conhece o seu negócio, sabe como ajudá-lo a ter sucesso, e quer que você tenha sucesso. Se você quer a bênção do retorno sobre sua doação, peça ao Senhor que abençoe o trabalho de suas mãos, que te inspire a se superar na profissão, a se aperfeiçoar no que você faz para viver, a ser mais produtivo no seu negócio, a ter melhores estratégias.

Pior do que a má reputação do trabalho na igreja, e a falta de um ensino completo sobre o dar e receber, que estimula o descontentamento e a preguiça com o trabalho, este equívoco alimenta o erro de sonhar em se aposentar cedo, exatamente quando a pessoa alcançou o máximo do desenvolvimento de sua experiência, sabedoria e maturidade para gerar o máximo de sua capacidade para si e para legar tudo isso a outros.

Isto não é bíblico, Moisés estava liderando seu povo aos oitenta anos. O Ministério do Mercado de Trabalho precisa mudar esta péssima prática adquirida no sistema vigente. Aposentar-se cedo é a receita perfeita para o tédio e a morte precoce, além de perdermos um enorme contingente de guerra altamente especializado e competente para realizar o mandato de Deus.

Infelizmente grande parte da igreja instituída ignora ou discorda do Ministério do Mercado de Trabalho sob o pretexto de que a igreja seja encontros dominicais entre quatro paredes ignorando um mundo em curso com mudanças que afetam todo o Corpo de Cristo. Teólogos estabelecem este conceito como sendo a "igreja nuclear", a tradicional dos domingos dentro das igrejas, e a "igreja estendida", aquela que invade o mundo, o ambiente de trabalho, as escolas, shoppings, clubes e o resto da semana, o Ministério de segunda a sexta, o Ministério de vida integral.

Muitos de nós tentamos fazer as coisas sozinhos na vida, esquecendo da força da união. Ninguém constrói grandes negócios sozinhos, temos que desenvolver nossas habilidades de relacionamento para realizarmos grandes empreendimentos na vida.

Assim são os grandes exércitos, que divididos perdem sua força. Alguém lembrou aqui das milhares de denominações da igreja evangélica? Nesta guerra espiritual com reflexos imediatos no mundo real, sacerdotes e líderes profissionais precisam unir forças para todos terem a mesma vitória.

Em Juízes 1:2-5 temos um exemplo clássico disso. O Senhor disse ao povo que deviam unir forças para vencer o rei perverso que já havia derrotado 70 reis bons. Quando Judá ataca em aliança com os demais povos, Deus lhes entrega o inimigo em suas mãos.

Deus está chamando o Corpo de Cristo em conjunto nas cidades, sacerdotes e líderes de todas as denominações, para operarem juntos, derrotando a maldade em nossas nações. No entanto, a chave para esta vitória é a vontade das igrejas, dos líderes de trabalho e intercessores, trabalharem juntos com um exército unificado.

Jesus disse:

*"E eu dei-lhes a glória que a mim me deste, para que sejam um, como nós somos um. Eu neles, e tu em mim, para que eles sejam perfeitos em unidade, e para que o mundo conheça que tu me enviaste a mim, e que os tens amado a eles como me tens amado a mim" (João 17:22-23).*

Deus chama cada um de nós individualmente e coletivamente para representar Cristo para o mundo, mas a nossa independência, orgulho e individualismo, muitas vezes nos impedem de nos unificarmos em prol dos alvos de Cristo que serão bênçãos para nós. O mercado e a Igreja devem se unir para abençoar as cidades com iniciativas práticas que beneficiam a cidade, o estado e o país onde vivemos.

Quando a unidade ocorre entre os líderes do Corpo de Cristo, Jesus responde, permitindo que as ações desta união alcancem as cidades para Ele. Você verá um evangelismo frutífero, favorecido pela união dos líderes cristãos, com um impacto sobre a cidade que você nunca pensou ser possível.

Este movimento do Ministério do Mercado de Trabalho começou no início dos anos 90 com alguns notáveis precursores como Ed Silvoso, Rich Marshall, Denis Peacock e Bispo Bill Harmon entre outros.

Ainda nesta década, o movimento tomou grande impulso passando a ser um fenômeno mundial, apesar de ainda, com certa exclusividade em alguns países. Neste contexto muitos Ministérios foram fundados, cursos e seminários de capacitação foram implantados sendo que Os Hillman, o fundador da Coalizão Internacional de Ministérios do Mercado de Trabalho, identificou mais de 1.200 destes Ministérios nos Estados Unidos, a maioria tendo se desenvolvido recentemente já no século XXI. Agora o movimento alcançou a Ásia e espero estar contribuindo para que tudo isso alcance todo o nosso Brasil e países de língua portuguesa, reforçando nossos exércitos para a grande colheita do final dos tempos.

Lembre-se que o Ministro de Mercado de Trabalho, ou no

local de trabalho, seja lá como quiserem chamar, não são cristãos que tem um trabalho e ocasionalmente falam sobre Jesus para alguém. Muito além disso, são homens e mulheres que veem no seu chamado uma maneira de transformar o mundo através de sua influência no mercado, através da sua esfera de influência e de suas estratégias inovadoras de trabalho. Muitos dos que leem estas palavras vão se reconhecer neste papel, e outros vão dar o passo de fé para ser parte desta equipe transformadora, poderosas e contagiante.

Eu o encorajo a se encaixar neste quadro onde quer que você viva ou trabalhe. Seu local de trabalho, sua comunidade, sua cidade, seu estado e país precisam desta contribuição. Deus está te chamando para ser capacitado pelo Espírito Santo, assim que você der o primeiro passo em assumir a autoridade que Ele lhe delega para tal. Tome posse do que já é seu, do que já foi conquistado por Cristo para você, e veja sua vida, seus negócios, sua família e cidade serem poderosamente transformados para muito melhor.

## O Perfil Do Ministro De Mercado

Somos reis e nosso trabalho é o nosso Ministério. Cristãos que reconhecem que o Senhor é dono de seus negócios, que são conscientes das responsabilidades e privilégios que Deus lhes concedeu. Líderes profissionais e empresariais que criam oportunidades com sabedoria para ministrar a outros. Líderes dispostos a usarem as armas de Deus como autoridade, santidade e intimidade com o Senhor, orando pelas pessoas, pelas empresas, por suas necessidades porque sabem que ninguém jamais rejeita oração.

Pessoas que tem visto seus negócios passarem a prosperar trazendo rendas sempre sonhadas porque passarão a sonhar os sonhos de Deus, passaram a enxergar o que Deus quer de seus negócios, e milagrosamente a prosperidade passou a ser consequência, deixando de ser o foco. Quando o foco 'se torna a vontade do Senhor, tudo prospera, não apenas na renda mas na qualidade dos relacionamentos, na saúde, na paz, no evitar os erros, enfim, na vida como um todo.

Estas bênçãos incluem além da emoção diária de realizar o plano de Deus, a alegria de não depender apenas da igreja para sermos bons cristãos. Deus passa a trabalhar onde quer que estejamos quando estamos abertos a Sua direção.

E isto não significa dar as costas para a igreja. A maioria dos Ministros de Mercado colabora no ensino de sua visão na sua congregação, compartilhando a visão que Deus lhes deu e incentivando as pessoas a assumirem seus papéis de reis ungidos em seu ambiente de trabalho.

Precisamos entender duas coisas. A igreja é onde nos alimentamos da palavra, é onde o Espírito Santo nos edifica, é onde exercitamos o viver em comunhão, o local onde Deus derrama mais bênçãos, na congregação. No dedicar-se integralmente ao Ministério do Mercado de Trabalho você não pode se desvencilhar da fonte da vida, da palavra de Deus pela boca de outros que não seja apenas a das suas leituras e interpretações pessoais sozinho.

Depois precisamos entender que nem todo mundo se adapta

a servir no ambiente de igreja. Deus quer seu povo em todos os lugares. O mercado de trabalho está repleto de crises econômicas por mal comportamento de seus líderes ateus, precisamos fazer diferença no mundo corporativo com nossa unção, mas também com nosso aperfeiçoamento profissional.

Apesar de sua aparente confiança, muitos líderes de negócios do mundo hoje, são falsificações como modelos exemplares para a sociedade. Suas posições de destaque no mercado, suas posições de influenciadores de opinião, confunde, desvia e afasta cada vez mais as pessoas da verdade, encaminhando a humanidade com a força do capitalismo para um mundo sem sustentabilidade, cheio de injustiças sociais que caminha para o caos.

Ministros de Deus, arautos da verdade precisam assumir suas posições em todas as áreas colocadas por Deus porque o Senhor tem um propósito para a vida de cada um. É o Senhor que nos promove, é o Senhor que nos prospera, é o Senhor que governa tudo, que ama seus filhos e que quer o melhor para eles. Melhora esta, que implica preparo, capacitação, aperfeiçoamento, como Ele fez com todos os grandes líderes bíblicos. Precisamos ser preparados para a liderança. Mas precisamos antes nos dispor a tal, nos apresentarmos diante de Deus, querermos crescer mesmo que precise doer, porque o resultado é sempre inimaginavelmente melhor do que tudo que pensamos ou sonhamos. Quem se candidata?

Todos os cristãos, onde quer que estejam, precisam se unir no mesmo esforço, temos a mesma visão e as mesmas preocupações com o Reino. O fato de ocuparmos todas as funções da terra, seja nos negócios, no lar, na economia, governo, educação, medicina, ciência ou na igreja, nos coloca em posição de assumindo a autoridade, conhecimento e poderes que nos são delegados pelo Pai, a termos o poder de mudar a posição desta guerra de maneira radical. Cada um tem uma vocação e um chamado, há visionários em todas as áreas, as inspirações de Deus são infinitas para agirmos com as mais variadas estratégias. Estes candidatos somos nós, os Ministros Modernos do Mercado de Trabalho.

Vamos transformar nossas empresas, nossos negócios, nossos funcionários, gerentes, nossa forma de negociar, edificar nossas equipes de trabalho, em produzir com qualidades do Reino, em criar sistemas com princípios bíblicos que tragam mais resultados, a resolver problemas e solucionar conflitos com base nos ensinamentos do Senhor, tão mais eficazes sempre em tudo, e plantar no corações dos homens valores efetivamente bíblicos que sejam ao mesmo tempo mais produtivos, justos para o bem desta grande humanidade neste minúsculo planeta.

É preciso que este trabalho seja realizado com cuidado no ambiente corporativo sempre respeitando os céticos, até para que se tornem mais receptivo. A principal maneira de se fazer isso, entre outras, é com o exemplo e testemunho dos líderes. Ocupar posição de liderança traz grandes responsabilidades porque nos tornamos como para nossos filhos, modelos a se copiar. Este trabalho deveria começar hierarquicamente, de cima para baixo para que traga resultados melhores em menor tempo.

O cristianismo é a maior força transformadora para o bem, a serviço da humanidade, é o poder mais eficiente para conserto do mundo, das famílias, dos relacionamentos, das curas físicas e emocionais, da solução de problemas, do avanço da ciência, da economia e desenvolvimento de toda a humanidade. Seus princípios norteadores são mapa seguro para se evitar erros, e conquistar acertos, sua fonte é viva e real, porque é do próprio Deus.

Seu aval é o da vida de um Deus filho, que desceu de seu trono de glória e depois ascendeu ao céu, para vir a terra mostrar aos homens que caminhos de humildade são mais eficientes que a arrogância, que dando recebemos mais, que perdoando somos nós que ganhamos, que tantos outros mandamentos vistos como loucura para o mundo, na verdade são a solução para as nossa vidas, para a criação de um mundo melhor para as próximas gerações ou para criarmos filhos respeitosos e vencedores em todas as áreas, além é claro da salvação para a vida eterna, nossa coroa e troféu.

## Apóstolos Empresários

Um estudo do Ministério de Jesus, nos revela que ele chamou homens do mercado para trabalhar com Ele. Apesar de acharmos que foram doze, na verdade foram mais. Uma lista de outros homens e mulheres conhecidos e desconhecidos o acompanharam e foram instrumentos de grandes sinais e maravilhas do Senhor. Este avivamento tem ocorrido também por observações com esta, que tem levado homens de Deus a reexaminarem muitas de suas interpretações bíblicas.

Deus sempre esteve trabalhando no mundo através de pessoas normalmente não reconhecidas como ministros "profissionais". Pedro era pescador, Mateus cobrador de impostos,

Lucas médico, e assim com os demais. Mas ao longo da história os ensinamentos bíblicos vieram de ministros profissionais nas igrejas e seminários, que não veem a Bíblia sob a ótica dos homens de negócios mas da igreja nuclear.

Estes homens acostumaram-se a interpretar a Bíblia sob óticas exclusivas sem considerar outras, como em Mateus 4:19-20 que diz: "Siga-me e eu vos farei pescadores de homens". E eles imediatamente deixaram as suas redes e o seguiram", ou quando Pedro retornou a pesca após a morte de Jesus, ou quando Pedro teria se desviado voltando ao seu antigo estilo de vida, voltando a pescar após a ressurreição de Cristo.

Precisamos reconsiderar algumas coisas. Será que eles realmente deixaram todos os seus negócios para trás durante os três anos que passaram com Jesus? Esta tem sido a interpretação mais comum porém uma avaliação mais minuciosa, revela várias falhas. Se Jesus quer que todos o sigam e não apenas os doze, como todas as pessoas ficarão sem trabalhar? Isto é uma consideração de aspecto fundamental para toda a fé cristã.

A ideia de que responder ao chamado de Deus significa deixar automaticamente seus negócios ou profissão tem causado danos consideráveis e por causa do pensamento dominante, a maioria tem achado que esta é a única maneira de obedecer a Deus. Com isso muitos tem tentado cumprir seu chamado pastoral quando esta não era sua verdadeira área de atuação no plano de Deus, gerando frustração, baixa produtividade na função, entre outros danos.

Mas o Ministério de Mercado de Trabalho revela o entendimento bíblico para fundamentar com ênfase aqueles chamados pelo Senhor para servir com suas empresas ou profissões.

Achar que Pedro não trabalhou como pescador após a ressurreição de Jesus, também traz inúmeras distorções interpretativas. O Senhor tem muito a dizer sobre o trabalho, levando Paulo a escrever: "Se alguém não quiser trabalhar, não coma também" (2 Tessalonicenses 3:10).

Como Pedro teria deixado seu trabalho para trás por três anos, e capturado uma grande variedade de peixes sem quebrar suas redes, quando o Senhor apareceu após a sua ressurreição? Um pescador cuidadoso que tem redes que não se quebram não é um pescador ocasional. Somente profissional em tempo integral se certificaria de que suas redes estavam em excelente condição.

Se alguns acham que dizimando e ofertando será suficiente para aguardar milagres sobrenaturais sem precisar trabalhar, aguardando ganhar na loteria, provavelmente passarão uma vida de grandes privações correndo o risco de culparem a Deus por suas interpretações equivocadas e incompletas da Palavra de Deus.

Se você pode perceber os milagres que Deus já realiza através do seu trabalho, então você confiará Nele para lhe conceder capacidade de mais eficiência, ideias criativas, oportunidades de novos negócios ou uma nova ideia genial lucrativa. Você descobrirá como obter os recursos de que precisa. Estas coisas já são grandes milagres que nem sempre acontece para os que não contam com Deus, e que ocorre no contexto onde Deus te chamou para ganhar a vida.

O que Jesus está querendo dizer na ordenança da Grande Comissão quando diz "Vá e faça discípulos de todas as nações" é que "Enquanto estiver indo, faça discípulos", em outras palavras: "Sigam-me enquanto vocês estiverem fazendo as suas tarefas diárias, o que inclui o seu trabalho".

## Ministros do Mercado de Trabalho

O apóstolo Paulo, um dos homens mais eficazes na obra de Cristo, nunca foi para o Ministério em tempo integral. Ele manteve seu negócio de fabricante e negociante de tendas para se sustentar sendo que seu trabalho sempre abriu portas para que ele pregasse o evangelho. Através do seu trabalho, Paulo ganhou muitas vidas para Cristo. Ou, seja, ao longo de nossa análise, percebemos que não apenas os apóstolos vieram do mercado de trabalho como eles foram os primeiros Ministros do Mercado de Trabalho. O que vemos é que um ministro no mercado poderá até ter uma efetividade mais bíblica do que um sacerdote de uma igreja nuclear. Diga isso em um ambiente de igreja e poderá ser excomungado por alguns pastores.

Não quero com isso por nenhum momento criticar as igrejas, elas são essenciais na obra do Reino, a vocação divina dos que realmente são chamados para o púlpito são vitais para o crescimento sadio do rebanho de Deus, eu me alimento todo tempo da Palavra vinda de Deus através dos pastores de minha igreja. Eu amo e preciso da igreja, mas conhecer o Ministério do Mercado de Trabalho demonstra o quanto Deus ainda tem para nos surpreender.

Queremos ver os santos do Senhor assumindo as posições de liderança do mercado, o termo ministro em tempo integral não irá se referir mais a um homem só, mas a todo o Corpo de Cristo, sinais e maravilhas seguirão estes homens, milagres, plantação de igrejas, autoridade, unidade, santidade, bom senso, razão, correção para cristãos e igrejas, liberação da graça de Deus para lidar com administração e finanças como fizeram José e Daniel na Bíblia.

Assim será com nossos Ministros de Mercado para a administração e levantamento de recursos para a colheita do final dos tempos, para a transferência de recursos para as igrejas, centros de treinamento de Ministros de Mercado serão implantados nas igrejas, centros de Excelência Financeira treinarão o Corpo de Cristo para lidar com as finanças do Reino e a separação de igreja e do mercado vai desaparecer .

Os cristãos vão assumir novas funções de liderança nas esferas políticas, sociais, comerciais e militares. O Fator Deus será socialmente aceito como um instrumento legítimo para a resolução de problemas na sociedade e no trabalho. Cidades inteiras viverão a experiência do avivamento e se voltarão para Deus. Milagres que ocorreram no livro de Atos se tornarão lugar comum novamente. Não é utopia mas puro potencial real nas mãos de um Deus onipotente, e de um povo Seu, apaixonado por Lhe servir, só que agora sabendo como.

Intercessores de oração vão surgir no mercado. A necessidade de cobertura de oração e planos de oração estratégicos para as empresas se tornarão tão normais quanto a oração para as igrejas e seus líderes são hoje. Intercessores de mercado não só irão abranger empresas, mas vão treinar outros para orar por liberação de riquezas e almas no mercado.

Testemunhos pessoais do Corpo de Cristo vão se tornar um dos principais ingredientes para perpetuar o mover no Ministério de Mercado. Relatos de como Deus está trabalhando na vida das pessoas vai liberar muita fé para o resto da Igreja para ajudar a cumprir a sua dupla vocação neste movimento.

## Sinais E Maravilhas

> *"Todos os sinais que marcam um verdadeiro apóstolo estavam em evidência quando eu estava com vocês através de ambos os bons e maus momentos: sinais de prodígio, sinais de maravilhas e sinais de poder" (2 Coríntios 12:12).*

Neste caminho, não deixaremos de testemunhar milagres, sinais e maravilhas. Deus é Deus de milagres, é Deus que ama e atende as petições e clamores de seus filhos.

Pessoas e relacionamentos serão curados, acontecimentos favoráveis inexplicáveis ou sobrenaturais acontecerão, revelações serão manifestas, e no Ministério do Mercado de Trabalho não será diferente. São infindáveis testemunhos de pessoas aceitando Jesus como Senhor de suas vidas, testemunhando milagres e transformações que Jesus operou neles, em suas vidas profissionais, seus negócios e suas empresas, ou na restauração de seus relacionamentos, isso são milagres que só o Deus do impossível pode realizar.

Mas como transformar nossas vidas, quiçá o mundo, se não pedirmos. E oração é a solução. Preguiça de orar? Tudo bem, fica sem bênção, Deus está dando a fórmula, só não usa quem não quer:

*"Não estejais inquietos por coisa alguma; antes as vossas petições sejam em tudo, conhecidas diante de Deus pela oração e súplica, com ação de graças" (Filipenses 4:6). "E, se sabemos que nos ouve em tudo o que pedimos, sabemos que alcançamos as petições que lhe fizemos" (1 João 5:15).*

Conheci um profissional de contabilidade que participou de um dos treinamentos de oração corporativa que fizemos. Ele testemunhou que certa vez foi convidado para participar de uma reunião na associação de contadores de sua região, quando teve a oportunidade de testemunhar o que Deus havia feito em sua vida para um público de mais de 120 outros contadores.

Cada um deles tinha família e cerca de 300 clientes cada, quando de repente, ele percebeu que na verdade tinha diante de si, uma congregação potencial de 36.000 membros sem incluir suas famílias. Algum tempo depois ele soube através da diretoria da associação, que contadores estavam incluindo em seus papéis timbrados e cartões de visitas, versículos bíblicos, além incluírem em suas trocas de e-mails, pedidos de oração.

Fatos parecidos têm ocorrido em canteiros de obras com

engenheiros e mestres de obra orando por seus funcionários antes da jornada diária de trabalho, gerentes de lojas de varejo por seus vendedores, equipes médicas em hospitais orando a Deus para que o Espírito Santo guie suas mãos durantes cirurgias e promova cura em seus pacientes.

A partir destas iniciativas, sabemos que muitos iniciaram reuniões de estudo bíblico fora do expediente nos escritórios ou em suas casas, e tudo isso começa com a autoridade que Deus concede ao um Ministro de Mercado de Trabalho com fé, para orar e ver os sinais e maravilhas ocorrendo e sendo testemunhados por toda a parte, difundindo assim o poder de Deus, gerando interesse nas pessoas em ir para a igreja, dando esperança, cura, vida, salvação e vida eterna para muitos.

Jesus deixou claro que tudo o que Ele havia feito, poderíamos fazer coisas ainda maiores:

*"Na verdade, na verdade vos digo que aquele que crê em mim também fará as obras que eu faço, e as fará maiores do que estas, porque eu vou para meu Pai" (João 14:12).*

Jesus operou todo tipo de milagres, e Ele realizava milagres de acordo com as necessidades de quem o estava procurando, sejam eles doentes, famintos ou para produzir vinho nas bodas de um casamento em Caná da Galiléia. Não significa necessariamente que faremos milagres iguais, mas Jesus garante apenas que eles seriam maiores.

Confiança absoluta em Deus deve ser um tema constante na vida de um ministro local de trabalho. Seja qual for sua atuação no mercado, você é capaz de se desenvolver sozinho no manuseio da Palavra quando buscar a orientação do Espírito Santo. Eu, mesmo quando não conhecia ainda o Ministério de Mercado, mesmo sem a menor pretensão de ser pastor, apenas com a absoluta certeza de que queria servir mais e melhor a Deus, ingressei em um seminário cristão interdenominacional de quatro anos de duração. Fazer um bom curso de teologia ainda é a melhor forma de crescer no conhecimento bíblico e em intimidade com o Senhor. Apesar do necessário ensino permanente que devemos receber sob o cuidado de um bom e sério pastor, a Palavra de Deus nos diz:

*"E a unção que vós recebestes Dele, fica em vós, e você não precisa de que alguém vos ensine, mas, como a sua unção vos ensina em relação a todas as coisas, e é verdadeira, e não é uma mentira, assim como ela vos ensinou, você vai permanecer n'Ele"* (1 João 2:27).

Este versículo diz que não precisamos de professor para permitir que Deus trabalhe através de nós. Há coisas que Deus pode e quer fazer em nós que não podem ser aprendidas em um seminário ou manual. São as coisas que só Deus pode fazer e Ele ama fazê-las para nós.

Unção é "a capacitação sobrenatural de Deus que permite que você faça coisas por meio Dele, que você não poderia fazer por conta própria". Jesus mesmo disse: "Não posso fazer nada por mim mesmo" (João 5:30).

Precisamos crer que veremos os sinais e maravilhas no nosso local de trabalho. Alguns terão a ver com trabalho, outros com colegas ou ainda com novas ideias inovadoras. Se você colocar a sua fé em ação, sintonizado como os planos e vontade do Senhor, você vai ver milagres incríveis por onde agir.

## Autoridade

> *"Pois mesmo que eu tenha me orgulhado um pouco mais da autoridade que o Senhor nos deu, não me envergonho disso, pois essa autoridade é para edificá-los, e não para destruí-los" (2 Coríntios 10:8).*

Uma coisa importante que o Ministro de Mercado precisa compreender é o real significado da palavra autoridade e suas implicações para seu Ministério e vida pessoal. Autoridade é uma palavra que transmite algo forte, que traz a nossa mente poder e é exatamente com este sentido que o original grego é traduzido no Novo Testamento.

Esta autoridade concedida por Deus, significa poder de escolha, de liberdade, de energia física, mental e espiritual, o poder de influência exercido pela pessoa que o exercita, cujo comando e ordens trazem submissão e obediência, uma autoridade divina que traz ousadia mas não busca o poder sobre outros ou para si, mas para os outros, para o benefício, libertação, cura, oração e salvação dos outros.

Esta autoridade é concedida por Deus, é real porque existe de fato e porque vem da realeza do Reino de Deus, como representação ministerial do Reino para operar no mundo dos negócios e trazer transformação social nas cidades e regiões.

Jesus também diz para empresários na parábola de Lucas 19:12-27, que o ganho de autoridade em sua cidade depende da forma que eles criam negócios para ter grande ganho financeiro, que quanto maior, mais autoridade trará para a sua cidade e arredores.

A autoridade que Cristo fala é uma autoridade governamental, é a mesma autoridade que Paulo afirma que Deus deu a ele. É autoridade que dá jurisdição nas cidades. Isto precisa ser visto pela perspectiva favorável ao Reino do Senhor. Precisamos explorar estas tantas perspectivas bíblicas outrora relegadas, para que o Ministério de Mercado de Trabalho atinja toda sua potencialidade de poder a favor dos objetivos da nossa guerra espiritual.

Precisamos também começar a pensar em autoridade fora das interpretações tradicionais, como a perspectiva de quem deva ou não exercer a autoridade no Deus no Reino. Para isso precisamos incluir outras ferramentas poderosas como por exemplo, o dinheiro. Por isso a guerra entre evangélicos tradicionais e a teologia da prosperidade exagerada tem sido tão prejudicial para nós, fazendo com que o inimigo ganhe terreno nesta tão importante área que é a financeira, quando ignoramos os princípios bíblicos da prosperidade ou exageramos neste assunto, ignorando a verdadeira e mais importante mensagem do evangelho.

O dinheiro tem sido deturpado como um grande vilão pela

igreja, associado a imagem única da ganância, ao mesmo tempo que não se intimidam tantos pastores em solicitá-lo ao povo com base em princípios bíblicos exclusivos, em detrimento de outros, causando grande confusão na cabeça de seus membros, até mesmo nas mais sérias instituições cristãs tradicionais.

No entanto, o dinheiro é ferramenta de Deus concedida a empresários para ganhar autoridade e influência sobre as cidades, dinheiro que vai transformar a sociedade para melhor ou pior, de acordo com a crença de seus líderes. Precisamos ajustar o foco de nossa perspectiva interpretativa da Bíblia como um todo, sob a ótica de Deus com respeito também sobre o dinheiro, confirmada tantas vezes por Jesus sobre o trabalho e a boa administração, para exercermos autoridade sobre as cidades. Tantos empresários quanto pastores precisam parar de ver o dinheiro como da igreja ou do Ministério real, mas como dinheiro do Reino de Deus para toda a humanidade, que deve ser administrado sob a perspectiva da unidade do Reino.

Saibam que a Bíblia tem mais a dizer sobre dinheiro do que sobre a fé e até mesmo sobre a salvação, e não me venham dizer que seja por seus perigos, porque a falta de fé e não sermos salvos, também tem os seus riscos, mas sobre sua boa administração e bênçãos ilimitadas que carrega no seu poder de realizar obras, que podem ser más, mas que Deus quer que sejam boas.

Por isso Jesus fala tanto sobre dinheiro, porque Ele sabe o quão importante ou perigoso ele pode ser. O dinheiro é a real razão por que todos trabalham, para ter o bastante para depois parar de trabalhar mas infelizmente nunca ficam satisfeitos tornando-se para muito um ídolo.

"*O Senhor empobrece e enriquece; abaixa e também exalta*" *(1 Samuel 2:7).*

A passagem de Mateus 6:24, em algumas versões da Bíblia, a palavra mammon é traduzida como dinheiro, quando na verdade dinheiro é apenas uma coisa, um objeto criado pelo homem, como uma imagem qualquer que se adore, quando na verdade, mammon é um espírito, é o espírito do mal tão conhecido, é o próprio diabo, o inimigo de Deus e de seus filhos.

Esta troca ou substituição traz grande confusão com sérias implicações na vida da igreja e dos cristãos cujo inimigo acaba extremamente beneficiado, precisamos esclarecer este ponto:

"*Ninguém pode servir a dois senhores; porque ou há de odiar um e amar o outro, ou se dedicará a um e desprezará o outro. Não podeis servir a Deus e a mammon*" *(Mateus 6:24).*

Na passagem, percebemos que seja lá o que for mammon, Jesus o coloca em uma posição diametralmente oposta a Deus, uma posição anti-Deus e que compete com Deus para ser servido.

Quando Jesus diz que não podemos servir a Deus e a mammon, em alusão a servirmos a Deus e ao dinheiro ao mesmo tempo, fica claro que ele não está proibindo tal feito, mas está dizendo que é impossível servir a Deus e as riquezas simultaneamente, servir aqui está no sentido de adorar. Jesus não está dizendo para renunciar ao dinheiro e as riquezas. Ele mesmo enaltece a importância do dinheiro em tantas outras passagens, a começar pela Parábola do Administrador, nos ensinando a multiplicar o dinheiro. Em Eclesiastes 10:19 Deus diz que "o dinheiro é a resposta para tudo", foi Deus quem escreveu isso, se não concordar converse com Ele.

Se compararmos mammon a dinheiro, então não devemos ter nada a ver com dinheiro, o que tem levado muitos cristãos a pobreza como sinônimo de santidade. Como fazer voto de pobreza se ninguém vive, come, ama, mora, se medica ou cresce física ou intelectualmente sem ele?

Com certeza, mammon é um espírito maligno que leva as pessoas a concentrar-se de forma exagerada em dinheiro, além do necessário. Quando isto acontece, estamos servindo a ele e não podemos mais servir ao Senhor, enquanto Deus quer que Ele e apenas Ele seja o objetivo de todo cristão, o dinheiro e as riquezas podem no máximo serem ferramentas para fazer a vontade de Deus. Lembra de Isaías 58?

O dinheiro em si não tem poder algum, absolutamente algum. A fonte do dinheiro é quem tem poder, Deus ou mammon. Depende a quem você serve.

Se o poder do seu dinheiro vem de mammon, de ganância, avareza, corrupção ou mesmo da insensibilidade para com as necessidades básicas do próximo, então você não terá a autoridade que Deus quer lhe conceder, muito menos Ele irá aumentá-la. Se você tem mais tempo para o dinheiro do que para Deus, provavelmente mammon domina sua vida.

Mas se você focar sua vida no Senhor como Ele instrui:

*"Mas, buscai primeiro o reino de Deus, e a sua justiça, e todas estas coisas vos serão acrescentadas" (Mateus 6:3 ou Lucas 12:31)*

... então Deus aumentará a sua autoridade sobre as cidades, o inspirará e o capacitará para o desejo de suprir a necessidade dos pobres, de alimentar os famintos, de libertar os cativos, de vestir os necessitados, e aí então, tudo lhe será acrescentado, está escrito, saiu da boca de Deus, só não enxerga quem não quer.

Portanto, o caminho para o Ministro de Mercado é ganhar dinheiro, mas calma, não será o dinheiro que lhe dará autoridade, e sim Deus. Ou seja, ganhar ou ter muito dinheiro não garante autoridade real a ninguém, apenas o Senhor a concede. Ainda assim, o dinheiro resolve um monte de coisas, por isso Jesus nos instrui a aplicá-lo com sabedoria, trabalho e excelência.

O que os novos Ministros de Mercado precisam é parar de "apenas" financiar projetos cristãos, não devem parar de fazê-lo através de seus dízimos e oferta, mas devem parar de "apenas" atuar assim no Reino. Devem tomar a frente de seus próprios projetos. Projetos ex-igreja, ou seja, projetos cristãos, inspirados por Deus, para serem implantados diretamente na sociedade necessitada e não salva, fora das quatro paredes da igreja, independentes dela, sem ter que por isso deixar de dizimar e ofertar, que são princípios básicos de Deus.

Quando Jesus fala da autoridade sobre as cidades, Ele está se referindo aos administradores de dinheiro, está falando da autoridade dos Ministros de Mercado de Trabalho e não da autoridade da igreja sobre as cidades. Uma autoridade em função da boa gestão financeira, atividade que não diz respeito a igreja, mas ao empresariado. Empresariado este que não vai ter autoridade por ostentação financeira, mas pelas bênçãos de Deus que estão por trás da predisposição desta pessoa.

O dinheiro para o Ministro do Mercado de Trabalho passa apenas a ser um meio de ganhar autoridade nas cidades, como o são também a política, os meios de comunicação e a sabedoria de Deus.

## Deus E A Nova Igreja Do Século XXI

A poderosa expansão do mover de Deus no mercado de trabalho é uma volta as origens da igreja dos primeiros séculos, onde diferente de um local de encontro aos domingos, a igreja avançava onde quer que for no mundo exterior onde a vida acontece.

Precisamos atacar a pobreza, a fome, a dependência de drogas, a prostituição e a solidão que afligem as pessoas de nossa jurisdição. Se cada ministro cristão fizer a sua parte com o poder dos seus recursos e das suas orações, libertaremos e contagiaremos todo o mundo.

Precisamos trabalhar diligentemente e com excelência para gerarmos muito dinheiro, para com nosso talento e orações, melhorarmos a vida das pessoas da nossa comunidade, dando-lhes esperança. Todos estes esforços não são conceitos vagos mas depósitos no rentável Banco Espiritual do Reino de Deus, cujas vidas geram milhares de outras, para cada vida salva investida.

Já imaginou um consórcio de investidores para o desenvolvimento de Ministérios de mercado de trabalho, visando atuar em missões urbanas. São ideias típicas do mundo corporativista cristão que farão diferença na nova estratégia de Deus para as nações.

A igreja precisa traçar planos cujas estratégias incluam todas as pessoas e empresas. Ministérios baseados na fé oferecem oportunidades que a Igreja e o Estado não conseguem alcançar. Os Ministérios do Mercado são a fórmula para alcançar toda a sociedade.

Empresários sabem como combater a pobreza, advogados sabem como combater a injustiça, entendem de problemas sociais, esta é a preocupação deles, sabem lidar com as leis do mundo e com o poder favorável do dinheiro, aliados ao cristianismo prático, farão proezas para o Reino de Deus e a humanidade. Com certeza este tem sido o objetivo de muitas igrejas desde a muito tempo, mas, há uma grande diferença quando um Ministro de Mercado entra nesta área, porque possuem algo que a maioria das igrejas não tem, que são dinheiro, influência, conhecimento específico e autoridade.

Pessoas de influência, quando se propõe a fazer algo, compartilham o que fazem com outras pessoas de influência e inspiram competência em suas ações. Até hoje muitos Ministérios sociais de igrejas têm tido desempenhos sofríveis e são operados com espírito de pobreza por falta de competências empreendedoras, estando muito longe de qualquer esperança de alcançar cidades, estados e nações.

A rápido avanço recente do Ministério do Mercado de Trabalho, além da vontade do Senhor, é fruto exatamente desta competência empreendedora. Talvez existam mais iniciativas não cristãs ajudando os pobres do que as ações da própria igreja, através de iniciativas altruístas e filantrópicas de não crentes. Imagine quando o empresariado cristão mundial liderar estas ações. Provavelmente Jesus será muito mais reconhecido do que tem sido até agora.

A pregação da igreja precisa estar centrada em Cristo, o único caminho, verdade, vida e salvação para a vida eterna, mas nem por isso ela pode ser dissociada das demais mensagens de Deus contidas na Bíblia sobre sucesso pessoal e prosperidade, pois são elas que motivam o homem, sustentam a vida e financiam as obras do Reino. Os sonhos pessoais de sermos bem sucedidos vem do Senhor. Muitas falhas têm sido plantadas no subconsciente dos cristãos das quais precisamos ser libertos. Para termos sucesso na vida temos que enfrentar o fracasso que foi programado em nosso espírito. Precisamos nos desprogramar e reformatar nosso subconsciente para reinstalarmos a mensagem de Deus de forma completa.

Sendo privados ou enganados sobre a mensagem completa de Deus, somos forjados com baixas expectativas de sucesso, com reflexos sérios em todas as áreas de nossa vida, como em nossa própria efetividade a favor do Reino de Deus. Precisamos descobrir quem somos com base no que Deus fala conosco através de sua palavra. E isto precisa ser feito por nós mesmos ou com a ajuda e orientação de mestres pastores, cujas lições sejam coerentes com a interpretação que Deus lhes concedeu, desde que buscada com humildade e direção do Espírito Santo.

## A Abolição Da Pobreza E Dos Cativos

Apesar da pobreza atingir a maioria da humanidade, pessoas de todos os níveis econômicos e sociais, têm sido vítimas do espírito de pobreza. Um mal que atinge muitas pessoas, que pode e precisa ser revertido. A pobreza não é uma condição de Deus mas do diabo, ele não quer apenas nos afastar dos bens materiais mas impedir-nos de usar este bens e recursos para cumprirmos o chamado de Deus.

O oposto do espírito de pobreza é o espírito de riqueza desde que "com generosidade", não apenas de riqueza. Não adianta acumular além do que precisamos. Podemos e devemos ter o que precisamos incluindo a segurança financeira, mas precisamos também conhecer a riqueza da bênção de doar. Jesus Cristo não morreu na cruz para nos salvar para a vida eterna ao lado de Deus, e nos deixar padecer de necessidades nesta passagem sobre a terra, por isso, e não menos do que seus riscos e perigos, o dinheiro é tão mencionado na

Palavra de Deus. O espírito de generosidade leva as pessoas a doar para obra de Deus e ajudar a cumprir os propósitos do Senhor.

## A Maldição Do Trabalho Foi Quebrada

A maldição imposta por Deus a Adão e Eva pela desobediência, recaiu sobre o solo, lugar de provisão e sobre o trabalho, mas Jesus quebrou esta mentalidade de pobreza, estamos libertos para nosso trabalho ser de prazer, realização, lucros e prosperidade. As pessoas não precisam mais padecer pela escravidão do medo de faltar, da compulsão em acumular desmedidamente coisas e dinheiro. Estas práticas são consequências da maldição do pecado que já foi derrotado por Cristo na cruz, elas alimentam a ganância, a inveja de classes e outros conflitos. Ministros de Mercado tem autoridade para revelar este engano e trazer a solução.

Quando Jesus morreu na cruz, Ele tomou para si a maldição que se originou com a desobediência de Adão e Eva. Um dos principais papéis dos Ministros de Mercado de Trabalho é exatamente ajudar o Corpo de Cristo a sair debaixo dos efeitos desta maldição. O poder de Cristo se aplica a todas as áreas de escravidão que ainda afetam multidões de pessoas, como a pobreza, depressão, raiva, tristeza, amargura, ganância e outras formas de servidão que devem se curvar quando confrontadas com o poder da quebra de maldição da cruz.

*"Porque a criação aguarda com ardente expectativa a revelação dos filhos de Deus" (Romanos 8:19).*

Ora, como toda criação podemos entender tudo que Deus criou, a natureza e toda criatura, entre elas também, aqueles que não são filhos de Deus.

A natureza, o meio ambiente, os animais em extinção, os mares e rios poluídos e todo ser humano perdido que ainda não conhece a Deus e a Sua salvação, todos aguardam com expectativa ardente "A Revelação" dos filhos de Deus, ou seja, a verdade libertadora que somente nós filhos de Deus conhecemos.

*Jesus ainda diz: "Vocês são a luz do mundo. Não se pode esconder uma cidade construída sobre um monte. E, também, ninguém acende uma candeia e a coloca debaixo de uma vasilha. Pelo contrário, coloca-a no lugar apropriado, e assim ilumina a todos os que estão na casa" (Mateus 5:14-15).*

Se nós somos os filhos de Deus, e os que não O conhecem aguardam a nossa revelação, e se somos a luz do mundo que não se pode esconder, não podemos viver uma vida covarde, medrosa e tímida. Precisamos assumir o poder de Deus em nós. Aonde estivermos, seja em casa, no trabalho, onde passamos a maior parte de nosso tempo, ou em qualquer outro lugar, as pessoas precisam notar que existe uma Luz dentro de nós, que ilumina o caminho de muitos.

Ninguém pode se esconder estando cheio da virtude do Espírito Santo. Não há como esconder uma luz que aparece em meio as trevas. Nós Ministros do Mercado de Trabalho não podemos nos furtar de sermos a riqueza reveladora de vida em abundância de Deus para o mundo. Somos nós a boca de Deus na terra, os mensageiros do Senhor, os responsáveis pela revelação que salva e liberta de tudo que é ruim e mal.

Nós somos cheios do Espírito Santo, luz que ilumina o mundo, portadores da revelação da Palavra de Deus, da mensagem do Senhor, das Leis favoráveis do Reino de Deus, por isso temos que fazer diferença na vida de toda criação que nos aguarda, na sociedade e na natureza, não para os que já estão salvos na igreja, mas fora dela, na rua, no trabalho, literalmente no mundo.

Não podemos confundir o fato de que porque somos de Deus não devemos nos misturar com o mundo. Não, não é isso. Nós não devemos agir como o mundo, mas precisamos e devemos estar no mundo para poder salvá-lo, para podermos levar-lhes a revelação de Cristo, para fazermos a diferença na vida da criação.

Se o poder de Deus pode nos libertar do vício em drogas, álcool, jogos de azar ou outro hábito que nos manteve cativos durante anos, Ele também pode nos libertar da maldição do trabalho e reescrever a história de nossa vida profissional.

Deus pode nos libertar da desesperança financeira, do trabalho sem progresso, das vendas que não chegam, dos aumentos prometidos que não aparecem, dos equipamentos que quebram, ou da falta de estratégia ou capacitação que nos conduz à falência.

Mas isto é uma opção pessoal. Jesus fez a parte Dele, agora as pessoas precisam reivindicar esta liberdade para si. Nós podemos passar do simplesmente executar um trabalho, para cumprir um propósito eterno, transformado nossa vida de mera existência, em destino divino.

Nenhum líder empresarial cristão precisa mais se matar de trabalhar para o dia que tiver o bastante, para então poder se dedicar em tempo integral a obra do Senhor, porque Deus está lhe dizendo que Ele lhe deu todos estes dons e recursos para você servir a Ele agora, desde já, em tempo integral agora, com a sua vida profissional, com seus bens, lucros, recursos e capacidade de multiplicação financeira, com o seu testemunho. Este é o mover de Deus capaz de alcançar o resto da humanidade, através do Ministério dos Empresários e Profissionais Cristãos, o Ministério do Mercado de Trabalho.

# Capítulo 7

# Como Deus Gera Riqueza

*"Lembre-se sempre que é o Senhor, teu Deus, que te dá força para se tornar rico, e Ele o faz para cumprir o pacto que fez com os seus antepassados (Deuteronômio 8:18).*

Deus tem um sistema monetário perfeito. Doar, dizimar e ofertar é apenas uma pequena parte dele. O sistema de Deus não se restringe apenas a isso, fazendo muitos cristãos acharem que dizimar é um investimento melhor que trabalhar. A pessoa dá seu dízimo e Deus tem que lhe retornar 100 vezes mais. Muitos estão achando que Deus tem que fazer isso sem que eles trabalhem ou apenas jogando na loteria.

Pior são líderes espirituais que desconhecem e omitem ao povo o funcionamento do perfeito sistema financeiro de Deus por completo, onde a parte que tem sido omitida, é exatamente o trabalho, a nossa parte. Trabalho este que como já comentamos não tem que estar mais sob a maldição da labuta e do stress, mas agora da bênção conquistada por Cristo, para a realização profissional, para a prosperidade e o consequente lucro nos negócios pelo trabalhar.

Deus nem o capitalismo tem planos de transferência de riqueza apenas na base da doação. A doação é divina mas não é a forma principal de transferência de riqueza. Ela é inclusive imbuída do sentimento de pena, se doa para quem é desprovido, pobre. No capitalismo não se doa em troca de nada. Isto vale para todo mundo, tanto pessoas físicas, como jurídicas e nelas se incluem as igrejas. Quando queremos doar e devemos agir assim, a opção é de quem doa.

Isto pode até parecer antibíblico, mas se você olhar para a Bíblia com olhos de empresário verá que é assim. Deus não tem outra forma principal de transferência de dinheiro que não seja através dos negócios.

Muitos cristãos adotaram a mentalidade de milagres, que nada mais é que a mentalidade de pobreza disfarçada, e se fixam em alguns determinados preceitos bíblicos e detrimento de outros tão importantes. Amam as promessas de Deus como:

*"A riqueza do pecador é armazenada para os justos" (Provérbios 13: 22).*

*"Trazei todos os dízimos à casa do tesouro, ... e depois fazei prova de mim...se eu não vos abrir as janelas do céu, e não derramar sobre vós tal bênção, que dela vos advenha a maior abastança" (Malaquias 3:10).*

Precisamos ler a Bíblia de forma integral, como um todo, uma interpretação para ser verdadeira precisa estar coerente com o todo da Palavra de Deus. O Senhor realmente abençoa, Ele é que concede prosperidade e felicidade duradouras, a mentalidade de milagre ignora ou quer ignorar o que Deus tem a dizer sobre o trabalho como em passagens que dizem:

*"Façam negócios até que eu volte" (Lucas 19:13).*

*"Em todo trabalho há proveito, mas ficar só em palavras leva à pobreza" (Provérbios 14:23).*

*"O trabalho do justo conduz a vida.... (Provérbios 10:16).*

*"O Senhor Deus colocou o homem no jardim do Éden para o cultivar e o guardar" (Gênesis 2.15).*

*"Digno é o obreiro de seu salário (1 Timóteo 5:18).*

*"Pois comerás do trabalho das tuas mãos; feliz serás, e te irá bem" (Salmos 128:2).*

... ou ainda nas Parábolas do Administrador quando Jesus nos ensina a trabalhar para multiplicar e tantas outras.

O trabalho, biblicamente falando, em sua origem, é uma expressão de prazer, um elemento que integra a realidade humana com elevado fator de felicidade. Deus ensina ao homem que o trabalho deve fazer parte da sua vida, como fator de concreção de realização pessoal. Ensina, enfim, que trabalhar integra de forma expressiva um quadro mais amplo, tendente a produzir felicidade ao viver humano.

O trabalho, revela-se na Bíblia, como elemento indispensável no plano de Deus para a humanidade.

Como destaca Samuel Escobar: "A doutrina bíblica da criação apresenta Deus como uma divindade ativamente trabalhadora, que fez os seres humanos como trabalhadores à sua imagem. Esse ensinamento percorre todo o Antigo Testamento e culmina em Jesus, que era um homem trabalhador antes de se tornar um pregador itinerante. Paulo, o maior dos missionários do Novo Testamento depois de Jesus, combinou seu trabalho apostólico com a confecção de tendas".

Mas o evangelho parcial que se prega em muitas igrejas, seja exacerbando temas sobre prosperidade, seja atacando a mesma ou falando apenas da essencial salvação de Cristo, faz com que cristãos mais despreparados, tenham vidas deficientes em ambas as situações. A plenitude das bênçãos de Deus, reconquistadas definitivamente por Cristo, são salvação com vida abundante e próspera, com autoridade no uso de seus dons e sabedoria para saber que Deus só prospera com trabalho, e boa administração.

Todas as promessas de Deus são verdadeiras, Deus é Deus do impossível e Deus de milagres. Mas Deus também é Deus que faz com que possamos viver sem depender de milagres, sem precisar sermos salvos milagrosamente ou com o sofrimento de uma falência, Ele é um Deus que nos capacita para trabalharmos bem e melhor, a sermos precavidos administradores como José no governo do Egito, um Deus que nos ensina a cuidar preventivamente da saúde, a nos alimentarmos bem e fazer exercícios para não dependermos de um milagre para sermos salvos de uma doença grave.

É muito melhor viver no fluxo de vida abundante de Deus, no fluxo abundante de recursos do Senhor, cujo processo se chama negócios, em inglês "business". O plano de Deus para suprir as necessidades dos homens não é ganhar na loteria, depender de sorteios, jogos, nem mesmo da igreja ou do governo. O sistema de Deus para transferência e criação de riquezas são os negócios.

## Deus Abençoa O Trabalho

O ato de doar faz parte dos planos de Deus, faz o sistema divino funcionar com benesses para quem recebe (pobres) e para quem doa (cristãos). Doar faz com que Deus abençoe nosso trabalho, com certeza para termos mais e também doarmos mais como podemos ver em tantas passagens da Bíblia. Quando doamos, abrimos a porta para as bênçãos que geralmente não chegam por um milagre instantâneo. Diferente disso, as bênçãos do Senhor vêm sobre a obra de nossas mãos, sobre o nosso trabalho.

*"Livremente lhe darás, e não fique pesaroso o teu coração quando*

*lhe deres; pois por esta causa te abençoará o Senhor teu Deus em toda a tua obra, e em tudo no que puseres a mão" (Deuteronômio 15:10).*

Pare de orar por golpes de sorte quando você doar, e ore com fé pelas bênçãos no trabalho, é assim que funciona. E em vez de uma bolada repentina de dinheiro, Deus quando o fizer atingir a sua maturidade profissional, abrirá portas com fluxos constantes e perenes de dinheiro que costumam ser muitas vezes maiores que bolada únicas.

*"A riqueza adquirida às pressas diminuíra; mas quem a ajunta pouco a pouco terá aumento" (Provérbios 13:11).*

*"A bênção do Senhor é que enriquece; e ele não a faz seguir de dor alguma" (Provérbios 10:22).*

## O Papel do Ministro de Mercado

O plano de Deus para produção e transferência de riqueza são os negócios. O governo não produz riqueza, apenas administra e este também não é o papel da igreja. Cabe aos líderes empresariais gerar e multiplicar renda, cuidar dos pobres, dos oprimidos e transformar a sociedade. Deus promete a transferência de riqueza e abençoar o trabalho de nossas mãos, e está levantando Ministros de Mercado de Trabalho porque Deus quer dar a gerência dos recursos da terra para seu povo. Deus esta treinando e capacitando seu povo para criar grande riqueza. Deus esta tirando dos ímpios o controle da sociedade para entregar nas mãos de seus líderes ungidos. Temos que orar pelos motivos certos:

*"Pedis e não recebeis, porque pedis mal, para o gastardes em vossos deleites" (Tiago 4:3).*

*"Se vós permanecerdes em mim, e as minhas palavras permanecerem em vós, pedi o que quiserdes, e vos será feito" (Joao 15:7).*

Se as palavras do Senhor permanecerem em nós, o que pedirmos será concedido. A pergunta é: O que a Palavra diz para pedirmos? Precisamos pedir para que Deus realize através de nós, aquilo que Ele quer que façamos. Aí então tudo que quisermos será feito.

Podemos pedir pelas pessoas por quem oramos, e podemos pedir pelo sucesso de nosso trabalho se o propósito dele for correto, se for para ele ser usado para o Reino de Deus, aí então Deus fará proezas.

Deus tem riquezas inexploradas para nos revelar, ideias criativas, inspirações de negócios, estratégias de vendas, precisamos estar atentos a Sua vontade, a Sua voz, a Sua Palavra para que sejam revelados a nós Ministros do Senhor no Mercado de Trabalho, novas descobertas, invenções e planos de negócios que estiveram escondidos até agora.

Precisamos apenas pedir bem, não para nosso deleite (Tiago 4:3) mas para o deleite do Senhor, como registrado em Sua Palavra, para que tudo que pedirmos e quisermos seja feito (João 15:7).

Um exemplo perfeito de Ministro de Mercado que ouve a voz de Deus é o apostolo Paulo, que apesar de defender em 1 Coríntios 9:14-15, o apoio financeiro a ministros que pregam o evangelho, ele mesmo deixou claro que não fazia parte dos clérigos remunerados, pois ele mesmo vivia de sua profissão de construtor de tendas.

E Paulo era um ministro de mercado que ouvia a voz de Deus, vide sua vasta obra escrita, que tanto ajudou a promover o evangelho. Paulo trabalhava durante toda a semana e pregava aos sábados nas sinagogas, fazendo de sua profissão uma ponte tanto para negócios como para o Ministério.

Precisamos das estratégias dos Ministros de Mercado para ambas as frentes. Quando estes ministros traçam estratégias ouvindo a voz de Deus, poderão determinar como Deus quer que seja dirigido este avivamento.

Deus fala ao nosso coração em resposta as nossas orações de várias formas que podem ser palavras, imagem, sonhos ou simples pensamentos. Muitas vezes quando Deus nos manda uma mensagem por uma destas formas, nem sempre compreendemos de imediato, outras vezes o esclarecimento vem por etapas ou como resposta a mais algumas orações.

# A Parábola do Administrador

*"Então, ele chamou dez dos seus servos, entregou-lhes dez minas, e disse-lhes: Façam negócios até que eu volte"* (Lucas 19:13).

Tenho dito que nos meus anos de igreja, já ouvi muitas interpretações inspiradas pelo Senhor de uma única passagem bíblica. Apenas para citar um exemplo, sobre a parábola do filho pródigo, já ouvi pastores discorrerem por mais de uma hora sobre ela, cada vez abordando uma das várias perspectivas possíveis diferentes. Uma vez sobre a ingratidão do filho com o pai, outra sobre a filho que abandona a casa do Pai, mais outra sobre eterno amor do Pai que estará sempre aguardando pelo amor e reconhecimento de seu filho, ou ainda do ciúme do outro filho que nunca teve uma recepção calorosa como a do filho pródigo quando retornou ao lar, entra tantas outras.

Cada uma desta pregações tem mensagens inspiradas da parte do Senhor, são pregadas na maioria das vezes com exposições discorrendo de forma didática onde entram também as habilidades pessoais de quem prega. Da mesma forma acontece na escolha do tema abordado. Além do Espírito Santo inspirar, muitas vezes a experiência ou o momento de vida do pregador, influencia em suas escolhas sobre qual perspectiva abordar.

Na famosa Parábola dos Talentos em Lucas 19:13 (ou Mateus 25:14-30), também ouvi muitas pregações com diversas perspectivas, mas nunca nenhuma delas foi com a perspectiva empresarial, administrativa ou econômica. Na maioria das vezes, estes talentos nesta parábola são interpretados como nossos dons, que muitos pregadores usam para explorar os dons espirituais a serviço do reino de Deus. Outros interpretam os talentos como dinheiro, o que realmente são, mas tantas vezes para explorar em um momento fora de hora, para dízimos e ofertas. Ou ainda interpretações corretas, como Deus nos dar talentos conforme nossa capacidade, ou Deus desejar que multipliquemos os talentos que Ele nos concede, e o fato de que Deus julgará o que fizermos com os nossos talentos.

Algumas vezes a parábola é usada como ensino aos cristãos, como crítica a líderes religiosos da época ou mesmo como crítica social. Ela pode representar a ausência de nosso Senhor Jesus com sua ida para o céu, ou o ajuste de contas que deveremos prestar em sua segunda volta no juízo final. E por aí vão tantas outras mensagens mais comumente usadas.

Mas jamais, antes de conhecer o Ministério do Mercado de Trabalho, tinha visto alguém pregar sobre a visão administrativa do dinheiro. O que mais me impressiona é logo na abertura da passagem quando o Senhor diz' "Fazei negócios até eu voltar" (Lucas 19:13). Deus está nos ordenando negociar, a fazer comércio, sob pena de não o fazendo bem, nos julgar. Deus só nos pede o que é bom para nós, não mate, não roube, ame o próximo, Deus gosta de seus mandamentos porque sabe que eles trazem paz, acerto, segurança, vida plena e salvação entre outras coisas boas.

Quando Deus pede que oremos por nossas autoridades, que são reis, prefeitos, governadores e até um policial de trânsito (1

Timóteo 2.1-4), está implícito que Ele os instituiu para a paz e prosperidade da sociedade, cuja forma de governo, existe para sustentar a economia e o capitalismo, por isso Jesus não pode estar sendo mais claro quando diz que "Fazer negócios até Ele voltar" significa, fazer comércio, trocar mercadorias por dinheiro, multiplicar com sabedoria as riquezas que Ele nos concede, para fazermos com o dinheiro o que Ele nos pede, que além das nossas necessidades, é libertar os oprimidos, saciar a fome do pobre e todo o rol do que devemos fazer com dinheiro que está em Isaias 58:1-14.

No meio Ministerial do Mercado de Trabalho, esta passagem passou a ser chamada de Parábola do Talentos para "Parábola do Administrador", daquele que faz negócios, capitalista, gerador de recursos financeiros, que é o que Deus quer que todo o Corpo de Cristo faça bem feito, sob pena de julgamento. É forte, e como é que nunca demos melhor atenção a isto.

Neste contexto Jesus conta a seguinte parábola:

*"Certo homem nobre partiu para uma terra remota, a fim de tomar para si um reino e voltar depois. E, chamando dez servos seus, deu-lhes dez minas, e disse-lhes: Negociai até que eu venha. Mas os seus concidadãos odiavam-no, e mandaram após ele embaixadores, dizendo: Não queremos que este reine sobre nós. E aconteceu que, voltando ele, depois de ter tomado o reino, disse que lhe chamassem aqueles servos, a quem tinha dado o dinheiro, para saber o que cada um tinha ganhado, negociando. E veio o primeiro, dizendo: Senhor, a tua mina rendeu dez minas.*

*E ele lhe disse: Bem está, servo bom, porque no mínimo foste fiel, sobre dez cidades terás autoridade. E veio o segundo, dizendo: Senhor, a tua mina rendeu cinco minas. E a este disse também: Sê tu também sobre cinco cidades. E veio outro, dizendo: Senhor, aqui está a tua mina, que guardei num lenço; Porque tive medo de ti, que és homem rigoroso, que tomas o que não puseste, e segas o que não semeaste. Porém, ele lhe disse: Mau servo, pela tua boca te julgarei. Sabias que eu sou homem rigoroso, que tomo o que não pus, e sego o que não semeei; Por que não puseste, pois, o meu dinheiro no banco, para que eu, vindo, o exigisse com os juros?*

*E disse aos que estavam com ele: Tirai-lhe a mina, e dai-a ao que tem dez minas. (E disseram-lhe eles: Senhor, ele tem dez minas.) Pois eu vos digo que a qualquer que tiver ser-lhe-á dado, mas ao que não tiver, até o que tem lhe será tirado. E quanto àqueles meus inimigos que não quiseram que eu reinasse sobre eles, trazei-os aqui, e matai-os diante de mim (Lucas 19:12-27).*

Nesta que é a Parábola do Administrador, Jesus quer nos ensinar três princípios de negócios que são "o perigo da rebelião, a honra da fidelidade e o aumento da autoridade quando você for fiel nas coisas pequenas.

Aqui Jesus expõe o problema da rebelião:

*"Mas os seus concidadãos odiavam-no, e enviaram após ele uma delegação dizendo: Não queremos que este homem reine sobre nós" (Lucas 19:14).*

Aqui Deus quer mostrar que devemos submissão e obediência com alegria a nossos chefes mesmo que eles sejam ruins:

*"Vós, servos, sujeitai-vos com todo o temor aos senhores, não somente aos bons e humanos, mas também aos maus. Porque é coisa agradável, que alguém, por causa da consciência para com Deus, sofra agravos, padecendo injustamente. (1 Pedro 2:18-19).*

Quando Jesus fala sobre a honra da fidelidade, está falando sobre o funcionário de confiança, pontual e que trabalha direito sem se queixar. Deus quer esta obediência e fidelidade tanto no trabalho quanto na igreja em relação aos nosso líderes e pastores.

Quando Jesus quer nos ensinar sobre o aumento de autoridade, precisamos compreender que ele é resultado de sucesso alcançado. Este sucesso tem a ver com o ser fiel nas coisas pequenas, pequenos sucessos por pequenas missões cumpridas que Deus nos chama para executar.

E o prêmio é o aumento de autoridade, o aumento de jurisdição sobre as cidades, o aumento de nossa influência sobre regiões com as pessoas que as integram. Deus quer que pratiquemos negócios, a mola que impulsiona o funcionamento do mundo, cujo óleo lubrificante é o dinheiro.

Na Parábola do Administrador em Lucas 19, Jesus deixou bem claro que Ele honra sucesso, Deus nos quer ganhando dinheiro, negociando bem, para que nossos empreendimentos e sustento, possam ter maior jurisdição, autoridade e influência sobre mais regiões e pessoas.

Talvez a maior parte da sociedade esteja longe do alcance das iniciativas da igreja. Não se trata de saber se estas igrejas têm boas estratégias ou até mesmo recursos, mas quando disse no começo do livro que muitas pessoas têm alergia a igreja, quis dizer que muitos só darão atenção a pessoas que eles consideram de sua turma, que sejam iguais a eles, é uma questão de identificação sociologicamente explicável.

As pessoas ricas estão dizendo que religião é coisa para pobre e derrotado, como vamos falar bem de Jesus para estas pessoas se ainda formos pobres? Precisamos ser seus pares para que nos escutem, precisamos crescer e vencer, precisamos prosperar e para isso é preciso trabalhar com excelência, não basta somente ter fé, não funciona. O servo de Lucas 19, trabalhou e multiplicou o dinheiro de seu senhor por 1000%.

Mesmo que alguns não gostem do que vão ouvir, o fato é que ser rico impõe autoridade e influência no mundo. Quanto mais rico você for, principalmente quando você construiu sua riqueza unicamente por seu trabalho, todos vão querer saber sua opinião sobre tudo, porque você é um vencedor naquilo que todos querem e precisam também vencer, porque você tem poder de realização com seus recursos, você passa a ser admirável e formador de opinião.

Imagine se você é um cristão com intimidade com Deus, que usa seus dons para ajudar os outros e foi abençoado nos negócios pelo Senhor? Que influência maravilhosa para o Reino, Deus não quer que você exerça? Pense sobe isso.

Deus honrou, aumentou o capital e a autoridade daquele que trabalhou e investiu bem o seu dinheiro. O que você sabe sobre formas de investimentos ou sobre a bolsa de valores? Onde você investiria se Deus lhe abençoasse financeiramente? E sobre ajudar o rol de desprovidos de Isaías 58, como você poderia ajuda-los de uma forma sustentável e perene. Só enriquece quem poupa e investe, não basta poupar, e tem gente que nem isso faz. Temos que buscar educação financeira, e isso não se ensina na escola.

## A Plenitude Dos Tempos

*"Mas, vindo a plenitude dos tempos, Deus enviou seu Filho, nascido de mulher, nascido sob a lei" (Gálatas 4:4)*

Quando Deus enviou Jesus a terra, Ele teve um cuidado especial para que fosse o momento mais eficaz e adequado para o cumprimento do propósito de sua vinda. Tão importante foi esta escolha que ela é registrada no novo testamento como a plenitude dos tempos. Este momento era político e econômico, porque o mundo onde Jesus nasceu e cumpriu seu Ministério foi sob o governo do império romano, que trazia estabilidade política para o mundo civilizado conhecido da sua época.

Economicamente o comercio era pungente e havia estradas pavimentadas cortando todo o império. A paz política e a economia forte com estradas pavimentadas foram os fatores determinantes que permitiram a rápida expansão do cristianismo nos tempos de Jesus, por isso assim chamado de plenitude dos tempos.

Creio que hoje acontece o mesmo, temos outra plenitude dos tempos para acontecer o avivamento do mercado de trabalho. Pelos mesmos motivos, políticos e econômicos que determinam o tempo de Deus para cada coisa acontecer. Politicamente o motivo não seria o mesmo, mas agora a deterioração moral das leis e sistemas de governos que prenunciam o final dos tempos com suas inversões de valores cristãos chegando a extremos perigosos. Economicamente temos agora a globalização da economia, com as estradas pavimentadas da internet permitindo que a mensagem do evangelho finalmente alcance os mais distantes rincões do planeta, chegando por fim, literalmente aos quatro cantos da terra.

*"Ide, portanto, fazei discípulos de todas as nações ..." (Mateus 28:19).*

Em tempo de globalização e de fácil comunicação planetária como a internet, ter ministros infiltrados em todos os segmentos da sociedade e líderes de negócios é um plano perfeito de Deus para a plenitude desta época, para que o Seu evangelho alcance toda a humanidade.

O coração de Deus sempre esteve voltado para as nações do mundo, e não para uma única nação ou região, mas todas as nações. Podemos perceber isto na visão de João do Paraíso:

> *"Depois destas coisas, olhei, e eis grande multidão que ninguém podia contar, de todas as nações, tribos, povos e línguas, em pé diante do trono e diante do Cordeiro"* (Apocalipse 7:9).

Há momentos em que o Senhor profere sentença sobre as nações por causa de sua desobediência, mas uma detalhada inspeção da Bíblia mostra como o coração de Deus é para as nações. Desde Gênesis até Apocalipse, Deus refere-se a nações 17 vezes, incluindo referências como:

> *"Pede-me, e eu te darei as nações por herança, e os confins da terra por tua possessão"* (Salmos 2:8).

Precisamos ampliar nossa visão a um nível muito mais elevado em relação aos negócios e locais de trabalho, e começarmos a enxergar nosso alvo a nível mundial, a nível de todos os povos e nações de nosso pequeno planeta. Nosso mundo globalizou-se e este é o momento adequado que Deus escolheu para preparar este Seu mover, e para isso Ele está te capacitando.

Ainda mais abrangente do que isso, estes líderes profissionais e empresariais inspirados pelo Espírito Santo para a evangelização das pessoas com suas orações e ações, serão inspirados também em relação `as decisões de gestão, de recursos humanos, em relação à criatividade em investimentos, a redução de custos, bem como para ter novas ideias a respeito de produtos e serviços. Eles serão capazes de influenciar desde o design de produtos até as melhores estratégias de vendas. A eficácia que vem em uma organização quando o Espírito Santo está em ação é surpreendente.

Deus abençoará todas as ações destes ministros que buscam a comunhão com Ele para o sucesso da empreitada que Ele nos solicita, com repercussões positivas e maravilhosas em todas as áreas de nossas vidas. A visão de negócios do ministro de mercado, juntamente com sua capacidade de ouvir a Deus, não apenas trará a sua prosperidade comercial, como proporcionará empregos e trará benefícios sociais para toda a humanidade.

## O Golpe Fatal

Quando participei do curso de liderança cristã avançada em Maui no Hawaii, tínhamos aulas não apenas de teologia, liderança e evangelismo, mas também de comunicação, marketing, rede sociais, cinema, televisão, fotografia entre tantas outras disciplinas que jamais ouvi sequer dizer que fizessem parte de um seminário cristão no Brasil.

No primeiro dia de aula de cinema e televisão, o professor mal terminou de falar seu nome, antes mesmo de dizer de onde vinha e o seu currículo, ele lançou as seguintes perguntas: "Você sabe qual as maiores mídias do planeta?" e as respostas foram entre diversas, o cinema e a TV. Depois ele perguntou, "Vocês sabem a quem elas pertencem? Nesta hora as pessoas se entre olhavam procurando saber quem seria o maior empresário de mídia da terra.

E para a surpresa geral, o professor deu a resposta: é o diabo, o inimigo é dono dos maiores meios de comunicação do planeta. E para terminar, antes de fazer sua apresentação pessoal, ele disse: "E vocês sabem de quem é a culpa das mais importantes mídias do planeta pertencerem ao diabo? E novamente todos se entre olharam sem certeza do que dizer e mais uma vez o professor respondeu: "A culpa é nossa, a culpa é dos cristãos, que entregaram nas mãos do inimigo as maiores mídias do planeta, uma das maiores armas disponíveis sobre a terra e que estão causando a décadas, o maior prejuízo nos propósitos do Reino de Deus.

Mas o diabo detém estes negócios e armas através da atuação de homens que as lideram. E apesar destes homens deterem uma das armas mais poderosas do planeta, os meios de comunicação, os homens mais poderosos do planeta são "O Corpo de Cristo". Eles detêm os poderes e a autoridade de Deus, em suas palavras e ações. O que Deus esta fazendo é instigar, incentivar, capacitar, ungir, abençoar e enviar o seu povo a agir em todas as esferas importantes da vida que sejam fora da igreja.

Os esforços partindo de qualquer tipo de projeto evangelístico de igrejas, nunca teve força para encarar a sociedade perdida no mundo de frente, com avanços sequer significativos. Mas o apoio da igreja na capacitação para formar ministros infiltrados no mercado de trabalho de todas as empresas e negócios, de acordo com os sonhos de Deus, será fundamental para que este avivamento definitivamente decole, e a partir de dentro do mundo, inverteremos os resultados desta difícil batalha, a favor do Senhor, como a grande colheita do final dos tempos.

O Corpo de Cristo tem mais poder e riqueza que qualquer outra pessoa. O problema é que o corpo está fragmentado, a igreja está dispersa. Quando o povo de Deus trabalhar unido teremos força e sinergia. A anos a igreja tem lutado em vão por esta união que não passa de alguns encontros e reuniões pastorais eventuais sem resultados práticos. No entanto, nestes últimos dias, o Corpo de Cristo deve se unir e os negócios deverão ser as ferramentas para que isso ocorra em grande escala e de forma expressiva e efetiva, porque o ambiente de negócios é o lugar onde reconhecemos realmente precisar uns dos outros, deixando de lado todas as divergências religiosas.

Este mover de Deus vai comemorar seus quase vinte e cinco anos de existência nos países de língua inglesa. É notório que as tecnologias e conhecimentos de ponta dos países de primeiro mundo, costumam chegar no Brasil e terceiro mundo com um lapso muitas vezes de vinte anos. Não está sendo diferente neste âmbito espiritual e prático na obra de Deus. Em tempo podemos tomar conhecimento destes novos fatos.

Deus está usando líderes espirituais em empresas públicas e privadas, câmaras de comercio, associações de classes, além de instituições de âmbito internacional que estão fazendo chegar o evangelho de Cristo aos mais inalcançáveis setores da sociedade, por todo o mundo. Todos estes líderes estão atuando em suas vocações profissionais, orientadas pelo Reino e para o Reino, e estão sendo usados por Deus para levar a presença Dele para todas as nações.

Apesar de vermos avanços significativos neste avivamento, precisamos ainda aumentar muito a nossa fé, nível de energia e paixão para podermos alcançar o mundo todo para Cristo.

Outro fato curioso sobre meu curso no Haggai Insitute, foi que a disciplina que mais carga horária tínhamos, era a Evangelização de Muçulmanos, isto porque tornou-se uma grande preocupação no mundo ocidental da Europa e Estados Unidos, o avanço forte do Islamismo. No Brasil, apesar de ainda não os percebemos, eles já estão presentes principalmente no mundo corporativo, cuja estratégia de Ministérios de mercado de trabalho, já são a muitos anos usadas por eles.

Eles não estão invadindo o mundo como missionários, mas como ministros de suas crenças no mercado de trabalho. Eles têm recursos do petróleo árabe, já ocupam grande parte da África e preocupam os demais países de primeiro mundo. Se não fizermos nada, nosso filhos e netos terão problemas sérios com a perseguição cristã instigada pelo alcorão, nos próximos anos.

Deus está nos levantando para uma nova era de poder, autoridade e presença maciça nos setores detentores de recursos financeiros e de influência, para fazermos diferença neste momento da história da humanidade. Você sente um chamado de Deus para ser missionário? Considere cuidadosamente a tendência moderna em direção aos negócios como sua missão.

O mundo está em rápida mutação, mais da metade da população mundial vive nas cidades, Jesus disse que nós faríamos as obras que Ele fez, mas que também fariam obras ainda maiores (João 14:12). Será que Ele estava se referindo a milagres que poderiam impactar nações inteiras? Você tem fé suficiente para isso? Vamos usar nossa autoridade dada por Deus para trazer mudanças às nações.

## Precisamos Pensar Grande, do Tamanho do Nosso Deus

Empresários cristãos precisam começar a pensar em termos mais amplos, incluindo a forma como eles pensam em estabelecer suas empresas de forma multinacional para impactar nações inteiras para Deus. Quando pensamos em transformar a sociedade, não podemos pensar em termos de apenas nossa cidade, precisamos crescer, expandir, literalmente nos globalizarmos.

Nossas atuações podem ser geograficamente limitadas mas quando pensarmos nos sinais e maravilhas operados pelos Ministros de Mercado mesmo de forma isolada, isto vai acontecer através de todo o corpo de Cristo e do testemunho dos alcançados, da mesma maneira que o cristianismo se expandiu pelo Império Romano nos primórdios da igreja, em uma época sem internet, telefone ou redes sociais. Isto vai acontecer quando cada um fizer a sua parte no seu local de trabalho, quando todo o Corpo de Cristo se unir no mesmo propósito.

## Capítulo 8

## Os Verdadeiros Super Heróis

*"E disse-lhes: Vão pelo mundo todo e preguem o evangelho a todas as pessoas. Quem crer e for batizado será salvo, mas quem não crer será condenado. Estes sinais acompanharão os que crerem: em meu nome expulsarão demônios; falarão novas línguas; pegarão em serpentes; e, se beberem algum veneno mortal, não lhes fará mal nenhum; imporão as mãos sobre os doentes, e estes ficarão curados"(Marcos 16:15-18).*

Quando Jesus nos qualifica como filhos de Deus, como sendo aqueles que creem Nele e são batizados, estes farão sinais como expulsar demônios, curar enfermos entre outras maravilhas. Estes sinais e maravilhas que acompanharão os cristãos, para fazerem obras ainda maiores das que Jesus fez (João 14:12), são "poderes sobrenaturais", literalmente "são superpoderes". Qualquer autor de histórias em quadrinhos ou filmes de ficção, jamais pensou em heróis com dons e poderes tão valiosos como estes, salvar os oprimidos de todo o mal e anunciar a vida eterna.

Ministros de Mercado de Trabalho natos, costumam exercer

autoridade incomum em sua esfera de influência. Não podemos nos restringir a achar que só existem líderes cristãos efetivos dentro da igreja. Isto significa que Deus quer e vai colocar seus Ministros de Mercado na mídia, na educação, na política, no judiciário, na área financeira e no comércio. O mesmo também vai acontecer na igreja, família, governo, medicina, nas empresas, e na ciência. Deus está dando a seus filhos autoridade para operar em cada uma dessas esferas de influência para levarmos o estilo de vida cristão para o mundo, para levarmos o jeito de ser e o caráter de Jesus através de nossas vidas para impactarmos as relações comerciais, empregatícias, pessoais, e em relação ao meio ambiente.

Por muito tempo temos tentado ganhar vidas e discipular pessoas para Deus dentro da estrutura da igreja local. Mas com algumas exceções óbvias, isso não tem funcionado a contento.

Precisamos começar o trabalho com o Ministério de Mercado identificando os líderes que já temos na própria igreja, líderes que já possuam estas características que estamos salientando. São muitos os cristãos com influência, além de outros que irão adquiri-la ao tomarem conhecimento dos poderes e autoridade que Deus quer lhes conceder. Para encontrá-los, procure por autoridade e influência.

Em Mateus 28:18, Jesus disse que toda a autoridade foi dada a Ele, tanto no céu como na terra. Ele escolheu passá-la para os ministros do local de trabalho, e Ele também disse que nossa autoridade aumentaria quando administrássemos bem o dinheiro (Lucas 19:12-27). Escolha hoje exercer a autoridade que já tem, no local onde Deus o colocou, fazendo um bom trabalho e receba cada vez mais autoridade e influência.

## Capacitação

Uma análise de Efésios 4:11-16 mostra que os dons ministeriais que Deus nos concedeu para capacitar as pessoas para a edificação e encorajamento do Corpo de Cristo, é para o trabalho ministerial. Ou seja, é responsabilidade de ministros, capacitarem outros ministros para o trabalho do Reino. Geralmente líderes profissionais e empresariais costumam se ver envolvidos na área de treinamento e capacitação que dizem respeito ao seu próprio negócio. Aproveitarmos os momentos de treinamento de equipe e de funcionários para passarmos valores cristãos, são chances convenientes para promovermos o Reino de Deus.

Unir os dons divinos com a oportunidade educacional natural de seu próprio empreendimento é oportunidade única de disseminarmos conceitos cristãos na sociedade. Através da implantação de práticas de gestão e sistemas, baseados em princípios do Reino, com gestão administrativa biblicamente orientada pelo Espírito Santo, podemos levar empreendimentos a resultados mais eficazes, forjando e edificando equipes com valores bíblicos, treinando e formando intercessores empresariais para a liberação de pessoas e riquezas.

Nossas empresas precisam de presidentes cristãos, diretores de estratégias bíblicas, funcionários intercessores e com ética. Porque só vemos capelães em instituições militares, hospitais e presídios? E porque eles parecem tão sem importância exercendo funções apenas figurativas e protocolares? Muito mais de que capelães corporativos as empresas precisam de intercessores estrategistas que em sintonia com sua direção orem pelos motivos corretos, objetivos e efetivos.

Não é adequado confinar a formação ministerial aos limites da igreja local. Se continuarmos a operar dessa maneira, estaremos sempre treinando apenas um tipo de ministro. Invoco Ministros de Mercado a edificarem e equiparem os crentes que estão sob sua influência. Não acho conveniente o termo discipulador, é evangeliquêz e isso afasta o mundo de nós. Talvez seja melhor a palavra mestre e alunos, estagiários ou aprendizes, coaching.

Temos que entender que o cristianismo é a solução da humanidade. Seus princípios resolvem todos os males e são o sucesso dos relacionamentos sociais e porque não dizer comerciais. Ao criarmos treinamentos de equipes e funcionários com princípios bíblicos, estaremos forjando equipes mais sólidas, efetivas e confiáveis cujas vidas impactarão outras vidas para o Reino de Deus além de otimizar vendas com a melhor performance de funcionários felizes.

Assumir o papel de treinadores, conselheiros e orientadores daqueles que estão debaixo de nossa influência é fazer indivíduos crescerem e desenvolverem seu potencial de vida, trabalhar seu caráter, como ser um seguidor de Cristo. A capacitação pessoal no mercado corporativo difere do discipulado por não focar incutir nas pessoas a mentalidade da igreja, mas sim um propósito de vida. Por isso tanto cristão até hoje somente se via servindo na igreja. Em algum momento as pessoas precisarão ser enviadas para provar sua capacidade de se reproduzir, de dar frutos, de trazer novas vidas para a salvação de Cristo.

O treinamento corporativo irá incluir além do trabalho no caráter, o conhecimento e as habilidades profissionais, com a automática conotação de liberar e enviar a pessoa após a orientação. A orientação eficaz leva em conta capacitar o orientado em tudo que você conquistou para você, seja espiritualmente, seja no sucesso profissional. Isto não é perder funcionários mas ganhar parceiros na obra do Reino que serão substituídos por novos candidatos a salvação, treinamento e envio. Até a hipótese de você capacitar alguém que um dia ira trabalhar para seu concorrente, isto será lucro para você e para o Reino.

Este treinamento se dará em todas as áreas, níveis profissionais e empresariais através dos Ministros de Mercado, reproduzindo e liberando seus aprendizes em todas as esferas de influência. Se houve uma falha na igreja moderna, tem sido sua tendência de se retirar da sociedade. Diminuir a influência no mundo apenas piora ele. Os cristãos precisam assumir seu papel no mundo.

## Filantropos Proativos

Filantropia significa amor a humanidade, caridade, são atos filantrópicos o propósito específico de ajudar os seres vivos e melhorar as suas vidas. Filantropo, é o sujeito que ama o próximo e se dedica a obras de caridade. Outra maneira de se conhecer um ministro nato para o mercado de trabalho é sua atuação ou envolvimento na transformação da sociedade ao mesmo tempo que anuncia as boas novas do Evangelho de Cristo. Esta é uma prática que faz parte da essência do que Deus espera de nós. Muitos ministros de mercado já sabem que estão no Ministério mas o exercem de maneira subaproveitada por não saberem como agir, não terem recebido capacitação alguma, e muito pior, por não terem sido confirmados por suas congregações.

O resultado desta falta de reconhecimento é que muitos estão inativos em suas áreas de influência ou trabalhando isolados de forma ineficiente. Se a sua congregação não conhece ou nada tem feito para consagra-Lo em seu Ministério, saiba que você está sendo consagrado, ungido, capacitado e enviado pelo Espírito de Deus agora, neste instante, diretamente da parte do Senhor, e se Deus é contigo, quem poderá ser contra ti (Romanos 3:31). Você é um embaixador(a) do Reino de Deus na terra. Você é um pastor de almas sob a sua área de influência, você é o pastor da sua empresa, da sua casa. Seminários melhoram nosso conhecimento mas nunca foram condição para o evangelho de Cristo avançar pelos séculos por toda a terra até hoje.

## Igrejas No Trabalho

Muitos poderão dizer que o termo Igrejas de Mercado, possa ser uma versão nova do que já tem sido feito com reuniões de oração nas empresas, nas universidades, ou mesmo nas chamadas células ou pequenos grupos reunidos nas casas das pessoas. Com certeza todas estas iniciativas têm sido de retorno valioso para seus participantes e dignas de louvor.

Mas a conotação evangélica, cristã ou religiosa que carregam faz com que sejam mais parecidos com grupos fechados, como clubes religiosos praticamente frequentados por iniciados.

Porém se quisermos impactar a sociedade como um todo, precisamos agir dentro de seus próprios formatos, sem conotação religiosa mas agindo dentro dos princípios e práticas do reino, usando nossos dons e talentos espirituais em momentos adequados, com bom senso, de forma objetiva com resultados práticos na vida das pessoas. Não podemos continuar com a tática de trazermos o pessoal da outra turma para querer que se enquadrem nas modinhas religiosas da nossa turma. Temos que ter um cristianismo pragmático onde quer que estejamos na sociedade sem maneirismos religiosos.

Precisamos nos Ministérios do local de trabalho, ouvirmos mais a voz de Deus para recebermos Dele a direção de nossas ações, sobre aquilo que vamos falar e deixar Deus dizer. Estou certo de que eu não seria capaz de escrever sequer um capítulo deste livro se o fizesse por conta própria.

Se você é capaz de perceber a presença de Deus todo dia em sua vida, você está apto a atuar em seu Ministério real. Você é um rei de Deus, tem sacerdócio real para agir em nome do Reino, na sociedade, sem temor do inimigo e com toda a autoridade que Deus lhe concede.

Quando fizermos o que já fazemos dentro das igrejas, mas no dia a dia do nosso quotidiano, no trabalho, em nossa vida social veremos quanto poder tem Jesus Cristo dentro de nós e nossa igreja será no lugar em que nós estivermos. Estou certo de que não conseguiríamos imaginar algo maior do que Deus quer realizar através de nós.

Para realizarmos estas conquistas, precisamos ser o melhor funcionário de nossas empresas, o melhor marido, a melhor esposa, o melhor filho(a) em nossas casas, para que nosso simples testemunho seja suficiente para fazer as pessoas quererem ser transformadas pelo poder de Cristo. Para podermos ser testemunho, nosso estilo de vida tem que ser balizado pela mais alta ética e integridade. Não podemos fazer parte da roda dos escarnecedores, e jamais sequer considerarmos comportamentos questionáveis ou corruptos.

Seu filho e seus funcionários percebem a sua intimidade com Deus? Você tem preocupação genuína com seus colegas de trabalho? Você se propõe a orar por seus dramas ou doenças? Você está pronto a se propor a ajudá-los sempre em qualquer situação? Você tem aproveitado as oportunidades para ocasionalmente testemunhar o que Cristo fez em sua vida?

Nosso mandato para atuar no mercado de trabalho é claro e temos a bênção do Senhor para tal. Qualquer problema não apenas em nossa vida, mas em todos os níveis do mercado de trabalho, tem uma solução de Deus aguardando para ser liberada por você. Esta é a igreja do mercado, esta é a igreja no seu local de trabalho, a igreja na sua empresa, sem que o mundo se aperceba de que acabou fazendo parte daquilo que ele pensava jamais participar, daquilo que é a essência do que ele mais precisa, o resgate da comunhão perdida com Deus, com seu criador.

Se Deus tocou seu coração nestas palavras, você já tem tudo que precisa, você já tem seu Ministério, você já é um ministro de mercado, esta é a sua vocação, a sua profissão, o seu emprego, a sua forma de ganhar a vida servindo aos propósitos do Senhor. Estão a sua disposição quando você orar, sinais e maravilhas, autoridade, capacidade de libertar cativos, curar enfermos, liberar riquezas desconhecidas, ouvir a voz de Deus, ser um empreendedor nos moldes bíblicos com resultados efetivos e grandiosos, ser um agente de transformação da sociedade com alcance mundial. Busque sua capacitação profissional e seu crescimento acadêmico, seus dons e talentos são gratuitos, mas sua e formação custa caro e leva tempo, invista em você e no seu trabalho porque é através dele que você alcançará vidas, é nele que Deus vai manifestar Seu favor por você.

Sua integridade e competência profissional abre portas, inspira confiança e respeito até em seus inimigos.

## Divina Governança

*"Dá-me, pois, agora, sabedoria e conhecimento, para que possa sair e entrar perante este povo; pois quem poderia julgar a este tão grande povo? Então Deus disse a Salomão: Porquanto houve isto no teu coração, e não pediste riquezas, bens, ou honra, nem a morte dos que te odeiam, nem tampouco pediste muitos dias de vida, mas pediste para ti sabedoria e conhecimento, para poderes julgar a meu povo, sobre o qual te constituí rei, sabedoria e conhecimento te são dados; e te darei riquezas, bens e honra, quais não teve nenhum rei antes de ti, e nem depois de ti haverá"* (2 Crônicas 1:10-12).

Somente Deus pode nos conceder sabedoria e Ele o faz através do Espírito Santo. A sabedoria em um líder o permite saber discernir entre o certo e o errado. A sabedoria contém em si princípios de veracidade, justiça, discernimento, respeito aos nossos semelhantes e acima de tudo, um compromisso com a manutenção dos valores que norteiam os valores de Deus.

A conduta esperada dos líderes empresariais, profissionais e funcionários na posição de ministros do mercado de trabalho está muito acima do que tem demonstrado nos últimos anos funcionários de grandes empresas, diretores em corporações, políticos e chefes de agências governamentais. Em certos setores de atividade, discutir honestidade, integridade, ou ética chega a ser engraçado. Pior ainda é descobrir que mesmo em círculos cristãos, o simples ato de manter a palavra não é uma prática até hoje incorporada.

Diante dessa realidade, não é de admirar que este simples comando de Cristo raramente seja aplicado nas relações pessoais e no mundo dos negócios:

*"Seja, porém, o vosso falar: Sim, sim; Não, não; porque o que passar disto é de procedência maligna" (Mateus 5:37).*

Todos nós precisamos adotar os valores cristãos em todas as áreas de nossas vidas, eles são inquestionáveis e fundamentais, e no mundo dos negócios, no mundo corporativo e financeiro, não pode ser diferente.

Valores como não mentir, não trapacear, não roubar e não tolerar os que assim agem, ou como confiabilidade, alegria e servidão são todos princípios pelos quais nós ministros de mercado devemos vive-los antes de tudo.

Sobre integridade, pesquisas sobre as características desejáveis dos líderes sempre tiveram como principal resultado, a honestidade. Não é a toa que três dos Dez Mandamentos em Êxodo 20:15-17, estejam diretamente associados com a integridade:

*"Não furtarás" (Êxodo 20:15).*

*"Não dirás falso testemunho contra teu próximo" (Êxodo 20:16).*

*"Não cobiçarás a casa do teu próximo, não cobiçarás a mulher do teu próximo .... nem coisa alguma do teu próximo" (Êxodo 20:17).*

Ou seja, a integridade é a integração de todos os aspectos de sua vida em um estilo de vida coeso. Quando a integridade está presente, agimos da mesma forma no trabalho, em casa, quando viajamos de férias, quando alguém está vendo ou quando ninguém nos vê.

A integridade e confiabilidade de uma empresa exige que ela transmita ao público a mesma mensagem que transmite aos seus funcionários, que cumpra o que prometeu a ambos, no momento da venda ao público ou da contratação dos empregados. Não se pode separar condutas do mundo espiritual do mundo secular.

Valores e princípios cristãos têm sido relativizados em nossa sociedade quando são exatamente estes valores que precisam ser integrados nas duas dimensões.

A alegria também deve ser uma marca registrada do ministro de mercado porque o trabalho é bênção de Deus como já analisamos anteriormente, é local para ser agradável, fonte de realizações e parceria com o Altíssimo. A Bíblia contém mais de 180 referências sobre a alegria e o júbilo. Neemias 8:10 diz que "a alegria do Senhor é a nossa força".

A ideia equivocada e distorcida anunciada pelo mundo de que o trabalho tenha sentido de labuta, esforço ou stress é um ardiloso plano do inimigo de Deus para nos desgastar e tornar ruim nossa vida, com todas suas consequências nefastas sobre a sociedade. Na verdade, esta é uma das grandes missões do ministro do mercado de trabalho, mudar esta insatisfação coletiva, atribuindo respeito generalizado a empregados por parte de seus dirigentes.

Fazer do local de trabalho um lugar de bênçãos do Senhor, uma igreja de mercado que cura e restaura, um lugar com intimidade com nosso criador, fará dos empregos, locais onde passamos a maior parte do dia, um lugar de alegria, de realização, um lugar onde saímos alimentados com o amor, providência, certeza de vitória da parte de Deus sobre nossas vidas.

Transformar um ambiente de trabalho em um lugar de alegria, reduz o stress, aumenta a produtividade e espalha felicidade contagiante, uma alegria que transcende o simples fato de se ganhar dinheiro, um lugar onde há propósito e direção de vida, onde ao invés de sermos explorados, somos respeitados e incentivados a crescer.

Sermos cheios da alegria do Senhor é o primeiro passo para causar impacto para o Reino de Deus, melhorando a vida dos colegas de trabalho, clientes, fornecedores e sócios.

Cristão mal humorado precisa de mais fé. Aqueles que conhecem o Deus que tem, que tudo supre além dos nossos maiores sonhos, que faz das nossas provações os maiores ensinamentos para as nossas maiores conquistas, sabe que somos vencedores mesmo nas mais adversas circunstâncias, sabe que o melhor está por vir e sempre vem. Alegria é a posse ou expectativa do sucesso, da conquista do que desejamos, do prazer. O mal humor afastará a alegria de ti e para isso a alegria não pode estar vinculada a concretização do que esperamos, mas da simples expectativa, certeza e fé que atrai o próprio sucesso e a realização de nossos sonhos. A alegria contagia, tanto quanto o mal humor, por isso ser alegre é opcional, qual você vai escolher? Imagine as consequências de uma casa ou um ambiente de trabalho alegre.

Sobre liderança muito se tem a falar, mas existe algo distoantemente eficaz na liderança cristã, muitas vezes difícil de se compreender no mundo. Liderar é algo muito diferente de mandar, longe disso. Está certo que posições de liderança compreendem chefiar, comandar, controlar e dirigir, mas a diferença do líder divinamente orientado é a maneira como ele conquista esta liderança.

Jesus veio a 2000 anos atrás para entre outras coisas contestar a eficácia de todas as formas de liderança do mundo dizendo:

*"Vocês sabem que aqueles que são considerados governantes das nações as dominam, e as pessoas importantes exercem poder sobre elas. Não será assim entre vocês. Pelo contrário, quem quiser tornar-se importante entre vocês deverá ser servo; e quem quiser ser o primeiro deverá ser escravo de todos. Pois nem mesmo o Filho do homem veio para ser servido, mas para servir e dar a sua vida em resgate por muitos" (Marcos 10:42-45).*

Liderança no sentido de chefia, comando, controle e direção, se conquista e não se impõe. As impostas geram rebelião, as conquistadas geram adeptos, liderar adultos é como ensinar crianças, vale mais o exemplo do que muitas palavras, nossas crianças copiam seus pais, nossos adultos serão convencidos pelo exemplo de seus líderes, por aqueles homens e mulheres que vivem o que pregam, que fazem antes de falar.

Não é a toa que o Rei dos reis, o Rei dos reis do mercado de trabalho veio para limpar os pés de seus apóstolos, não foi a toa que Ele, Deus, desceu do seu trono de glória para vir a terra padecer por nós, servir a nós e assim venceu a morte e o mal, conquistando para aqueles que Nele creem toda a autoridade para fazermos as obras maiores que a Dele em nosso tempo. Sejamos íntegros, sejamos alegres e sirvamos ao próximo tomando para nós toda a autoridade que já nos foi disponibilizada para levarmos a mesma alegria que temos a quem ainda não a conhece. Só assim seremos os libertadores dos escravos das trevas. Precisamos substituir, a tomada de decisão autocrática no sistema de gestão tradicional por uma abordagem holística e ética como única forma de adquirirmos poder e autoridade moral para exercer nosso trabalho e Ministério. Lidere como Jesus, este é o segredo dos grandes líderes, eles servem.

Um líder servo é alguém que quer ajudar os outros a ter sucesso, alguém que coloca os outros em primeiro lugar, que não perde tempo falando promessas ou sobre si próprio.

## Outros Valores Chave

A governança empresarial divina inclui a aplicação diária de nossos frutos do Espírito no ambiente de trabalho. Valores como justiça, equidade, autodomínio, paciência, humildade, fidelidade, eficiência, bondade, responsabilidade, mordomia e perseverança.

Quando trazemos valores cristãos para o ambiente de trabalho, muitas são as diferenças no modo de gerir em relação a governança corporativa do mundo. A gestão do mundo costuma confundir equidade com justiça, achando que justiça seria tratar todos de forma igual, o que é uma incoerência para Deus que fez cada pessoa diferente da outra e sem par. A definição tradicional judaica de justiça é "Para cada pessoa o que ela merece, a cada um o que lhe é apropriado", se combinarmos isto com o fato de que aos olhos de Deus cada pessoa é única, podemos definir justiça como: "A justiça ou a equidade significam tratar todos de forma diferente". No ambiente empresarial precisamos que todos recebam tratamento especial e único. Como ministros de Deus cheios do Espírito Santos precisamos aplicar seus frutos:

> *"Mas o fruto do Espírito é amor, alegria, paz, paciência, amabilidade, bondade, fidelidade, mansidão e domínio próprio" (Gálatas 5:22:23).*

Quando não cuidamos de nós mesmos com a falta de domínio próprio, sem dar atenção a nossa saúde por exemplo, deixando de fazer exercícios ou não nos alimentando bem, estamos abrindo espaço para problemas financeiros e espirituais, como a falta de produtividade, risco maior a doenças ou quando por falta de auto disciplina, somos mais suscitáveis a cair em tentação, buscando caminhos mais fáceis e rápidos, mesmo que ninguém nunca note.

Paciência é outro valor importante para as grandes conquistas que por vezes tem prazos longos, com muitas etapas onde não podemos perder o entusiasmo. Ao traçar planos, precisamos visualizar o todo de nossos projetos, mas no dia a dia precisamos focar em cada tijolo que se empilha para que um dia alcancemos a conclusão de nossas obras.

Mordomia e fidelidade são dois valores especiais para o Ministro de Mercado de Trabalho. Devemos ser bons mordomos de tudo que Deus confiou aos nossos cuidados. Como disse Jesus depois que Ele contou aos Seus discípulos a Parábola do Administrador, a respeito daquele que foi infiel:

> *"Quem é fiel no pouco, também é fiel no muito, e quem é desonesto no pouco, também é desonesto no muito. Assim, se vocês não forem dignos de confiança em lidar com as riquezas deste mundo ímpio,*

*quem lhes confiará as verdadeiras riquezas? E se vocês não forem dignos de confiança em relação ao que é dos outros, quem lhes dará o que é de vocês?"* (Lucas 16:10-12).

Já a nossa fidelidade tem a ver com a nossa confiança de que Deus vai cumprir o que Ele nos prometeu. Com a mesma confiança devemos ser fiéis às tarefas que o Senhor nos chamou para completar, além de sermos fiéis em relação as pessoas, às promessas que as fazemos, devemos ser fiéis ao chamado de Deus com nossas vidas, em O servirmos no mercado de trabalho, com a nossa vocação em produzir sustento e bens.

Uma infinidade de empresas tem caído em desgraça e falência por falta de valores éticos e morais de seus dirigentes. Precisamos entender que o cristianismo é algo muito mais abrangente que a simples salvação pessoal para a vida eterna, mas ele é a solução para através de seus ensinamentos e mandamentos, alcançarmos a perfeita harmonia nos relacionamentos pessoais e também comerciais, a imagem e semelhança de Deus e do que Ele planeja para a sociedade do paraíso.

Somente faremos diferença no mundo corporativo com consequências para toda a sociedade quando nossos valores fundamentais do Reino como ética e caráter, forem para motivar e manter no caminho certo, tantos funcionários, clientes como fornecedores.

Os valores de Deus são a base para alcançarmos a eficiência pessoal e empresarial. Deus nos deixa seu manual operacional de vida para todos os setores de nossa existência. Ele nos ajuda a trabalharmos de forma mais eficiente, a sermos mais produtivos e quer nos fazer alcançar o máximo de nossa produtividade e criatividade. Todos estes líderes empresariais do mundo que falharam, todos eram altamente treinados e qualificados, mas o que eles não tiveram foram os valores fundamentais divinos para motivá-los e mantê-los no caminho correto. Eles perderam de vista o valor principal do amor que procura servir ao próximo como a si mesmo. Como diz o apóstolo Paulo:

*"Ainda que eu falasse as línguas dos homens e dos anjos, e não tivesse amor, seria como o metal que soa ou o címbalo que retine"* (1 Coríntios. 13:1).

O mercado precisa de mais amor e cabe ao povo de Deus oferecê-lo.

# Capítulo 9

# Pastores Agora É Com Vocês

"*E Ele mesmo concedeu uns para ... pastores ... e destinados ao equipamento dos santos (Efésios 4:11-12a).*

Eu ainda estava na América no tempo em que Deus estava me revelando o Ministérios de Mercado de Trabalho quando pude conferir in loco o que acontecia em muitas igrejas. É comum no Brasil, o hábito de se chamar a frente antes das pregações, casais quando vão se tornar missionários no exterior ou jovens quando estão prestes a entrar para o seminário para que se ore sobre eles.

Mas na América, desde que o movimento de Ministérios no Mercado de Trabalho começou, muitas igrejas passaram também a consagrar frequentemente líderes homens, mulheres, casais ou jovens para se lançarem oficialmente no Ministério extra igreja local. Membros das igrejas sendo consagrados regularmente para exercerem seus Ministérios em tempo integral na vida exatamente onde Deus os plantou. Homens e mulheres sendo preparados, capacitados e consagrados para agirem em favor do Reino de Deus em toda as áreas da sociedade.

E eles o fazem com grande entusiasmo e alegria proveniente da grandeza do mover recente de Deus neste sentido, na certeza de que fazem parte de uma revelação cujo mandato vem direto do Pai, na certeza de fazerem parte do que pode vir a ser o maior avivamento cristão mundial, na certeza de que as estratégias anunciadas da parte do Senhor prometem revolucionar a humanidade, o meio ambiente revertendo o resultado desta grande batalha espiritual na qual nos encontramos, em vitória retumbante a favor do Reino e dos planos do Senhor.

Já posso ver nas igrejas brasileira, cultos semanais de Mercado de Trabalho com todas as suas consequências positivas. Posso ver estes pastores reconhecendo que o que eles fazem para o Ministério de Mercado de Trabalho, é algo tão valioso quanto todas as outras coisas que se realizam dentro de suas igrejas.

Antes de iniciar o trabalho deste livro, pude fazer uma pesquisa pessoal acurada sobre a minha experiência com o tema. Através de minha vasta rede de contatos com pastores e congregações, formada através de meus anos de seminário e prestação de serviços na produção e transmissão de vídeos para igrejas, seminários e eventos, descobri que além de alguns deles já conhecerem o tema, os que não conheciam passam a se interessar com intensidade pelo assunto.

Mas pelo fator novidade, posso imaginar que muitos além de nunca terem ouvido falar a respeito, possivelmente poderão contestar sua validade por preocupações com possíveis ideias pré-concebidas. A questão que eu colocaria é, o que fazer com a legião de empresários infelizes que deixam a igreja por não se sentem realizados com as oportunidades que lhes restam para servir a Deus?

Conheço muitos líderes de negócios e fiz parte de muitos destes grupos, pessoas que sabem que são chamados por Deus para servirem em seu local de trabalho, com suas profissões, mas sem saber como exatamente podem agir em nome do Senhor, pessoas que se sentem alienadas de suas congregações, fazendo com que talentos de Deus em tantas áreas vocacionais, permaneçam subaproveitados para a obra do Reino de Deus.

Em minha caminhada de quase 20 anos como cristão evangélico, que na América chamam de protestantes, pude conviver de muito perto tanto com grandes empresários como com grandes pastores. E de tal experiência posso perceber que os empresários, por minha formação teológica além do direito e jornalismo, me veem como um pastor, ao passo que meus amigos pastores, talvez por até hoje eu não ter abraçado o chamado que eles receberam de servir em uma igreja, estes me vejam apenas como um empresário.

Mas esta minha dupla atuação tem feito com que ambos pastores e empresários se sintam a vontade em tratar do tema comigo, fazendo com que possam compartilhar seus corações abertamente sobre a divisão existente entre igreja e negócios.

Dos pastores ouço que empresários são relutantes em se envolver com as obras da igreja ao passo que os líderes empresários manifestam suas frustrações em não serem compreendidos ou incentivados por seus pastores para atuarem especificamente em seus locais de trabalho com ênfase e eficiência. Sinto que a necessidade de maior compreensão nos lados opostos, se faz necessária por ambas as partes, com pastores se sentindo ameaçados com Ministérios externos ou com o medo da perda de dízimos, enquanto empresários anseiam por capacitação e encorajamento para atuarem no espaço que se encontram com tanta penetração para cumprirem seus chamados de Deus para atuar no mercado.

Não se trata de promover dois grupos mas de uni-los em apenas um Corpo de Cristo operando em harmonia em diferentes frentes. Ambos pastores e empresários tem muito a oferecer uns aos outros e não podemos deixar que estas diferenças prejudiquem o avanço do Reino de Deus para alcançar todo o mundo.

Clamo a Deus que pastores, tão importantes na vida de todo o Corpo de Cristo, estejam buscando orientação do Senhor para o cuidado e pastoreio específico destes reis.

É preciso abraçarmos a visão da transformação da sociedade. Do que adianta igrejas prósperas com foco introspectivo enquanto a sociedade ao redor decai a taxas alarmantes.

Quando começarmos ler a Bíblia com lentes atualizadas, enxergaremos nas mesmas mensagens direcionamentos específicos para o mercado de trabalho.

Os líderes da igreja devem rapidamente aprender a empregar os talentos dos homens de negócios em suas congregações, se pretendem mantê-los por perto.

Ministros de mercado de trabalho são uma raça de membros da igreja muito especial. Eles são um grupo diferente que não pode ser tratado como os outros. São instruídos, independentes, autoconfiantes, autossuficientes, enérgicos, tem opinião sobre tudo, são destemidos e não ficam parados, são pessoas de ação. Hesite e eles vão atropelar você. Eles não se contentam com migalhas da palavra de Deus, não querem ser pastoreados e não gostam de seguir ninguém.

No entanto, precisam de treinamento e quando o recebem, podem realizar muito mais do que meros expectadores dominicais da igreja. Para isso, precisam de treinamento especial, diferenciado e separado. E para se alcançar este nível de capacitação, líderes cristãos com esta incumbência precisam estar abertos a passar de um pensamento exclusivo de crescimento de igreja, para a filosofia do mercado de trabalho com influência em toda a sociedade. Um Ministério objetivo e direto para não cristãos com "alergia" à igreja e religião, com a finalidade de estreitarmos relacionamentos impactantes para o Reino de Deus.

Conclamo pastores, empresários e líderes profissionais de todas as áreas e nos juntarmos em prol desta visão revelada da parte do Senhor. A igreja está assustada com o avanço da iniquidade e decadência moral em toda a terra com famílias fragmentadas, terrorismo, colapso ambiental. O pano de fundo para o próximo grande avivamento está montado, precisamos nos unir a Deus no

Mercado de Trabalho onde Seu agir já está atuando em diversos países e economias do mundo.

## Estratégia Vencedora De Guerra

A perspectiva de mercado de trabalho a serviço do Reino de Deus, tem suas peculiaridades próprias e elas devem ser usadas a favor da nossa vitória. E isto está muito claro onde o mundo tem tirado grande vantagem em relação a estas mesmas áreas onde até agora não tínhamos atuado.

Os maiores influenciadores da sociedade até aqui não eram nossos, o dinheiro que eles sabem muito bem ganhar não eram para abençoar o povo nem para a glória do Senhor, e o mercado de trabalho sabe buscar excelência profissional no aperfeiçoamento acadêmico e prático no mais alto grau, quando o povo de Deus muitas vezes acha que apenas seu desenvolvimento espiritual lhe bastará.

O fato é que na batalha espiritual em que vivemos, as armas da influência, do ganhar muito dinheiro e do desenvolvimento profissional, técnico e acadêmico são fatores decisivos desta guerra que precisamos tomar posse e não relegá-los ao ostracismo como vínhamos fazendo com os nossos reis.

Precisamos validar o poder dos reis, eles têm e sabem manipular bem todas estas armas, o que não fazíamos era dizer-lhes que eles podem, devem e que tem a base bíblica da aprovação de

Deus para atuarem no mercado de trabalho a favor e a serviço do Reino.

As igrejas precisam de recursos? A obra de Deus precisa de recursos? Que estratégia eficiente com resultados a igreja tem traçado para impedir que os pagãos do mundo sejam os detentores de toda a riqueza? Mas Deus quer dar aos seus filhos o controle sábio do dinheiro, seu bom uso, sua verdadeira vocação a serviço dos princípios do Reino de Deus. O Senhor está tirando a vitória financeira das mãos dos ímpios para entregar aos santos. O Senhor está dando as melhores inspirações comerciais aos santos.

O dinheiro do mundo está deixando de ser investido em drogas, pornografia, álcool em excesso ou ostentação desnecessária. Nós somos dizimistas e ofertantes do Reino, os ímpios, quando fazem doações, são para instituições que levam toda a glória por suas obras, e não o nome de Jesus.

Como consultor e advogado, tenho estudado sobre educação financeira e investimentos, e me impressiona o fato de que a maioria das pessoas verdadeiramente ricas não ostenta, vivem uma vida simples, onde apenas não lhes falta nada, principalmente o essencial, como podemos constatar na maior pesquisa sobre ricos na América reunida no livro "O milionário mora ao lado" de Thomas J. Stanley. E não é por culpa dos ricos que falta para a maioria, mas por causa da falta de educação financeira dos pobres.

O povo que mais evangelizou a terra nos anos recentes foi o povo norte americano, a nação que tem reinado como país mais próspero da terra e isso é uma grande lição para o mercado de trabalho de qualquer outra nação. As grandes obras missionárias mundiais do século XX, foram e ainda são, todas financiadas por cristãos americanos extremamente prósperos que vivem vidas simples. Tudo que ganham a mais do que precisam, eles doam para a obra do Reino, não apenas doam, mas implantam, participam, supervisionam e fiscalizam o bom aproveitamento dos recursos que proveram, nos quatro cantos do mundo.

Se você não está dizimando como Deus pede, não conte com Ele para lhe abençoar financeiramente. Milhares de ricos cristãos ganham tanto dinheiro que doam noventa por cento do que ganham para a obra e ainda assim, os dez por cento com que vivem, ainda é mais dinheiro do que muito rico ímpio jamais viu.

Você crê nisso? Pois saiba que é assim, especialmente na América do Norte, país que exporta prosperidade. E não me diga que lá é diferente porque somos ambas nações capitalistas e democráticas, sendo que o Brasil emergente traz neste momento uma das maiores oportunidades de enriquecimento com trabalho, capacitação e investimento que jamais vimos.

Deus está levantando seus reis para fazer muito mais do que levar apenas mantimentos aos pobres de todas as nações, mas para orar por eles e eles serem curados, para levar sabedoria a eles, levar conhecimento e instrução que vai lhes dar liberdade e poder, para aprenderem a administrar melhor suas vidas e nações.

Empresários e líderes capacitados que vão ensinar aos povos carentes da terra como prosperar como Deus quer que prosperem, plantados onde Deus os colocou, fazendo melhor o que eles já fazem no mercado de trabalho deles, para criarmos por toda a terra o ciclo vicioso do bem e não do mal, a bola de neve da prosperidade a não das dívidas, para tomarmos de assalto em nome de Jesus, o Rei dos reis, em nome do Reino de Deus, tudo o que o inimigo nos roubou e vai nos devolver para sempre. E isso tudo, porque Cristo já pagou o preço por nós.

Deus está levantando um determinado povo que se chama pelo Seu nome, que irá glorificá-Lo em Seu sucesso, que irão glorificá-Lo com o que eles fazem, que Lhe darão a glória que Lhe é devida. Deus está transferindo o poder do dinheiro para reis que glorificarão o nome do Senhor por tudo. Em Eclesiastes 10:19 Deus diz que "o dinheiro é a resposta para tudo", foi Deus quem escreveu isso, se não concordar converse com Ele. Ele não diz para você servir ao dinheiro, mas para o dinheiro servir a Ele através de ti, quando entendermos isso, Ele poderá nos conceder mais graça.

Criou-se na mentalidade de algumas igrejas e pastores no Brasil, o espírito da pobreza, ou seja, acharem que por serem igreja, podem viver apenas de doações, que não precisam poupar, investir ou aplicar dinheiro, que podem gastá-lo todo, todos os meses e que seus membros ainda devem doar seu tempo e trabalho de graça. Não poupam, não aplicam, não investem, gastam tudo e acham que no mês seguinte Deus proverá.

Sem querer generalizar, mas muitos são os casos, criou-se com esta pobreza de espírito, a mentalidade do trabalho voluntário gratuito para todas as atividades empresariais da pessoa jurídica igreja que tem gerado serviços institucionais de péssima qualidade, que não permitem muitas vezes bons projetos se manterem ou decolarem. Líderes da instituição igreja que muitas vezes são excelentes professores da palavra de Deus, mas reclamam da qualidade dos serviços públicos, apelam para os serviços de defesa do consumidor quando se sentem lesados mas querem que seus empreendimentos sirvam o povo de Deus a base de membros explorados enquanto seus pastores andam de carros importados, como se isso passasse desapercebido aos olhos de seus membros.

Este padrão que tantos cristãos possuem, se manifesta na falta de excelência. É por isso que quase tudo o que tem um rótulo cristão parece ser de baixa qualidade para o mundo. É a mentalidade de pobreza que gera mais pobreza e falta de recursos para a obra de Deus.

A excelência é outra qualidade do mundo corporativo, que faz parte do DNA do mercado de trabalho. É assim que se deve olhar para o Reino de Deus. Reis levam prosperidade, desenvolvem a terra com a qualidade e excelência empresarial. O Reino precisa desta excelência, e o mercado de trabalho está cheio dela. Deus quer assumir o mercado de trabalho e incorporar esta qualidade em todo os Seu Reino.

O Ministério do Mercado de Trabalho precisa do aval da igreja para transmitir a ela, os benefícios das parcerias tecnológicas e comerciais tão conhecidas do mercado. Mercado trazendo excelência para a igreja enquanto igreja capacita, envia, ordena e implanta ministros eficazes para a sociedade.

Quando Salomão construiu o templo, levou o melhor material e os melhores trabalhadores, artesãos, ferreiros, marceneiros e artistas. Salomão não barganhou para oferecer o melhor para o templo do Senhor, seu Espírito era de Riqueza, `a altura do Seu Criador. Salomão pagou o salário de seus servos sem barganhar, não construiu o templo com trabalho voluntário como podemos ver:

*"Agora te peço que ordenes que cortem para mim cedros do Líbano. Os meus servos trabalharão com os teus, e eu pagarei a teus servos o salário que determinares" (1 Reis 5:6).*

Como vamos vencer esta guerra com espírito de pobreza? As pessoas estão cansadas de exploração e de pobreza, sabem que seus sonhos de vida digna e prosperidade são legítimos da parte do Senhor antes mesmo de conhecê-Lo. As pessoas querem sucesso em todas as áreas e não há mal nenhum nisso, elas querem fama que pode ser sadia, e isso é marketing pessoal tão valioso e necessário no mundo corporativo. Precisamos usar isso a nosso favor e parar de discriminarmos estes valores de mercado com base em interpretações bíblicas isoladas sem a contrapartida que demonstre a prosperidade divina favorável ao Reino.

Deus nos quer no mercado onde o povo está, para isso precisamos de excelência em tudo que fazemos, excelência atrai, resultados atraem. As pessoas falam e influenciam o que querem quando apresentam resultados. As pessoas vão entender o cristianismo porque vamos lhes passar conhecimento financeiros e de negócios que os ajudarão a alcançar resultados práticos em suas vidas, os levando a conhecer o Senhor.

Precisamos dar empregos e gerar renda para abençoar pessoas ou para prover o Reino de recursos, precisamos capacitá-las e ensinar-lhes excelência em todas as áreas de suas vidas e isso é tarefa do mercado, a igreja não pode confundir missão integral com atuar em todas as áreas, esta tarefa é do mercado, para isso precisamos nos infiltrar no mercado de trabalho, a igreja precisa apenas apoiar e capacitar os empresários cristãos para agirem no mercado efetivamente.

## O Maior Exército De Deus Sobre A Terra

O objetivo de Deus ao revelar o Ministério do Mercado de Trabalho é engrossar as fileiras de contingentes cristãos na frente de batalha da Grande Comissão. Pastores quebraram a cabeça por anos para saber como arrebanhar o maior número de membros de suas igrejas para os tornar mão de obra nos projetos missionários e de evangelização. Seria um grande sonho para um pastor conseguir que toda a força dos membros de suas igrejas servisse em sua igreja.

Mas não há espaço para todos servirem dentro das igrejas. Não existe um pastor que já tenha conseguido este feito antes. Mas Deus está sendo capaz de mostrar que cada crente não precisa se candidatar a vagas ministeriais de sua igreja, porque cada crente já nasceu com seu Ministério pronto. Basta tomar posse sabendo como.

Não que estejamos incentivando os membros das igrejas a não servirem mais em suas congregações, nem se lançarem na vocação sacerdotal. Mas para a grande maioria sem vocação para ser pastor ou para pregar, Deus está revelando sua vocação profissional cristã a serviço do Reino de Deus, com a mesma ou maior eficiência que uma igreja possa ter no serviço de proclamar o evangelho de Cristo.

Hoje o exército da Grande Comissão recebe o reforço decisivo de cristãos engajados para atuarem na frente mais inatingível até então da sociedade nesta guerra. O objetivo do Ministério do Mercado de Trabalho é a Grande Comissão. Você vai usar sua profissão para a Grande Comissão. A Bíblia é clara sobre para que nós somos ungidos, e para o que somos chamados a fazer. Isaías 61:1 é o nosso propósito de vida. Ele diz:

*"O Espírito do Senhor Deus está sobre mim, porque o Senhor me ungiu para sarar os quebrantados de coração, para apregoar liberdade aos cativos e tirar da prisão os que estão "encarcerados" (Isaías 61:1).*

O propósito de Isaías 61:1 é o mesmo do rol de propósitos em Isaías 58 pelos quais Deus quer nos ungir. Precisamos, nós ministros de mercado e empresários, ter em mente que precisamos sonhar, projetar e construir os sonhos de Deus. Deus vai se manifestar a nosso favor, abrir a janelas do céu, quando sonharmos os sonhos Dele. Estes devem ser o propósito das empresas e profissionais de toda a terra. Nossa profissão é para ser usada para a Grande Comissão. Estes propósitos são confirmados em toda a Bíblia:

*"Curai os enfermos, ressuscitai os mortos, purificai os leprosos,*

*Expulsem demônios. De graça recebestes, de graça dai (Mateus 10:08).*

*... Nada será impossível para você (Mateus 17:20).*

Deus não nos pede, não é opcional, é uma ordenança, mas para isso Ele nos garante a vitória e o sucesso da empreitada, nos dando toda a autoridade, que como vimos na Parábola do Administrador, Ele quer aumentar, premiar e honrar.

*"Ide por todo o mundo e pregai o evangelho a toda criatura" (Marcos 16:15). "A paz esteja com você. Assim como o Pai me enviou, eu vos envio a vós" (João 20:21)*

*"Eu vos dei autoridade para pisar serpentes e escorpiões e sobre todo o poder do inimigo. Nada vai prejudicá-lo" (Lucas 10:19).*

*"Todo o poder no Céu e na Terra foi dado a mim. Portanto ide, fazei discípulos de todas as nações, batizando-os em nome do Pai e do Filho e do Espírito Santo" (Mateus 28:18-19).*

Isto é o que Ministros de Mercado de Trabalho precisam fazer, estas são as funções, direitos e a autoridade que devemos exercer a favor da Grande Comissão. Nossas práticas devem ser doar, influenciar, assumir riscos, orar pelo impossível, orar pelos outros, adorar a Deus, sermos excelentes em tudo que fizermos, buscar a Deus em tudo e para tudo, e agirmos como verdadeiros reis do Reino de Deus. Cure enfermos, expulse demônios, traga visão aos cegos, faça surdos ouvirem, liberte os cativos. Este é o chamado de todo Cristão da parte de Deus, esse é o seu chamado.

Essa é a sua, a nossa vocação celestial. E para isso, para que executemos Seus planos, Deus nos concede nossas profissões, nossos negócios, nossas empresas, nosso dinheiro, para implantar o Reino de Deus sobre a terra, a forma de governo ideal da humanidade, o Reinado de Deus, onde somente Cristo, Seu filho, pode indicar o caminho.

Imagine o que poderá acontecer se você estiver disposto a assumir seu Ministério Real, orando, buscando a Deus, sendo diligente e trabalhando com excelência em tudo que faz no seu trabalho ou empresa. Veremos milagres e os Ministros do Mercado de Trabalho tomarão de assalto o mundo com sua influência.

## Chamado Ou Vocação

Muita gente sabe desde cedo o que quer ser quando crescer, outros não, outros ainda crêem que seus chamados mudam ao longo da vida. É comum no meio religioso chamar a vontade de servir a Deus como chamado.

O chamado é o que queremos fazer de nossas vidas para trabalhar, servir a humanidade, nos sustentarmos e nos realizarmos em nossa atividade profissional, que pode ser também eclesiástica, ou seja, uma função ministerial para uma igreja.

O chamado torna-se uma grande questão quando o profissional conhece Jesus, apaixona-se pela obra do Reino de Deus e quer servir ao Reino, a Jesus de forma mais eficaz, achando que para isso tem que se mirar na figura máxima que lhe traz toda a riqueza do Reino, qual seja, o pastor.

Faz parte da história de todo crente na igreja um dia sonhar ou se imaginar pregando bem como um de seus pastores, até porque ir aos quatro cantos da terra levar a mensagem do evangelho é uma ordenança de Jesus. O que não tem sido esclarecido até hoje, é que podemos servir com a mesma efetividade de um pastor, no Ministério da nossa profissão ou do nosso negócio. E isso é algo sério que confunde e traz vários problemas existenciais e de relacionamento entre familiares e membros da igreja.

Um dos principais motivos destas confusões reside no fato de que quando sonhamos em servir em tempo integral a Deus, temos que pensar em nosso sustento e de nossa família. Neste momento muitas vezes torna-se difícil conciliar os dois, principalmente quando não queremos servir por causa do sustento, apesar de infelizmente, alguns pastores agirem em função da renda.

Sabemos que chamados para pastorear ou para fazer missões em regiões remotas ou em outros países, costumam ser chamados bem específicos, mas nem por isso chamados para profissões específicas deixam de ser chamados de Deus para cristãos fazerem diferença no ambiente em que estão inseridos. Ser o sal da terra como diz na Bíblia em Mateus 5:13, é fazermos diferença através de nossas atitudes em nossas decisões interpessoais, comerciais e profissionais de todos os tipos, todo dia e toda hora.

É ser não apenas correto, honesto e justo, mas também ser produtivo e eficiente profissionalmente, incluindo frutificarmos novas almas para Cristo.

Será que o chamado de Deus é para todo mundo ir para o Ministério sacerdotal ou missionário? Ou é para servir a Ele onde fomos plantados? Creio que está bem claro na Bíblia que o chamado de Deus é para todo o Corpo de Cristo.

# Fim

# Bibliografia

**Faith@Work** by Os Hillman, published by Aslan Publishing.

**Anointed for Business** by Ed Silvoso, published by Regal Books. Business

**Loving Monday: Succeeding in Business Without Selling Your Soul** by John Beckett, published by InterVarsity Press.

**Spirit Driven Success** by Dani Johnson

**God@ Work** by Rich Marshall, published by Destiny Image

**The Servant Leader** by Ken Blanchard and Phil Hodges, published by J. Countryman.

**Thank God It's Monday** by Mark Greene, published by Scripture Union.

**Thank God It's Monday** by Rick Heeren, published by Transformational Publications (a division of Harvest Evangelism).

**Releasing Kings for Ministry in the Marketplace** by Harold Eberle and John Garfield, published by Worldcast Publishing.

**On Kingdom Business** by Tetsunao Yamamori and Ken Eldred, published by Crossway Books.

**The Church Beyond the Congregation** by James Thwaites, published by Paternoster Publishing.

**Renegotiating the Church Contract** by James Thwaites, published by Paternoster Publishing.

**The Elk River Story**, edited by Rick Heeren, published by Transformational Publications.

**Church That Works** by James Thwaites and David Oliver, published by Authentic Media.

**Work: Prison or Place of Destiny** by David Oliver, published by

Authentic Media.

**Changing Church** by C. Peter Wagner, published by Regal Books. Spheres of Authority by C. Peter Wagner, published by Wagner Publications.

**Frontline Christians in a Bottom-Line World** by Linda Rios Brook, published by Destiny Image.

**God Is My CEO** by Larry Julian, published by Adams Media Group. Marketplace Ministers by Paul Gazelka, published by Creation House Press.

**The God Factor** by Marcus Hester, published by Destiny Image. Lasting Investments by Kent Humphreys, published by NavPress Publishing.

**Church on Sunday, Work on Monday** by Laura Nash and Scotty McLennon, published by Jossey-Bass.

**Christianity 9 to 5: Living Your Faith at Work** by Michael Zigarelli, published by Beacon Hill Press.

**Marketplace Christianity** by Bob Fraser

**Companies** by Steven L. Rundle, published by InterVarsity Press.

**Business by the Book** by Larry Burkett, published by Nelson Reference. Doing Business God's Way by Dennis Peacock, published by Successful Christian Living.

**True Wealth...By the Book** by John Beehner, published by By the Book Publishing.

**God's Ticker Tape** by Ed Silvoso, published by Transformational Publications.

**Unlimited** by Gunner Olsen, published by International Christian Chamber of Commerce.

**Balancing Family, Faith and Work** by Pat Gelsinger, published by Life Journey.

**How to Bring the Super to the Natural in the Marketplace** by Dick Hochreiter, booklet available from www.faithandwork resources.com

**Marcelo Veiga**, segundo a REVISTA EXAME, é um dos pioneiros do empreendedorismo digital no Brasil. Ele tem certeza que o mundo digital é a solução para transformar o seu negócio e o seu sucesso pessoal, em realidade.

Marcelo é bacharel em direito e em teologia, jornalista, consultor financeiro graduado pela FGV, compositor, surfista, empreendedor digital e autor de diversos livros. Mantém diversos blogs, sites e canais no Youtube como a "TV Nordeste", a "Revista Terceira Idade, a TV Guiné-Bissau, além do seu site pessoal Marcelo Veiga sobre educação financeira e marketing digital.

Em 2012, recebeu uma bolsa de estudos para fazer um Curso de Liderança Avançada em Maui no Hawaii, USA, quando teve contato com técnicas revolucionárias de Marketing Digital". Seus livros como o "Só Não É Rico Quem Não Quer", "Fábrica de Milionários" e "Fórmula Online" falam sobre investimentos financeiros online e empreendedorismo digital. Para saber mais cadastre-se no site do autor em Marcelo Veiga, e receba dicas valiosas sobre finanças e empreendedorismo

MARCELO VEIGA
www.marceloveiga.com.br

www.ingramcontent.com/pod-product-compliance
Lightning Source LLC
Chambersburg PA
CBHW071409170526
45165CB00001B/220